Stb

Zensho W. Kopp

Die Freiheit des Zen

Das Zen-Buch,
das alle Begrenzungen sprengt

Stb

ISBN 978-3-8434-4561-0

5. Auflage 2011

Umschlagmotiv: Zen-Patriarchen,
Tuschzeichnung von Zensho W. Kopp

Umschlaggestaltung: Michel Schmidt,
Jörg Zimmermann
Foto: Verena Kopp
Satz: Torsten Zander

Printed by: FINIDR, Czech Republic

www.schirner.com

Inhaltsverzeichnis

Vorwort

Die in diesem Buch veröffentlichten Vorträge von einem der großen spirituellen Meister unserer Zeit bergen in sich die Kraft, unser Ego in seinen Grundfesten zu erschüttern.

In »Die Freiheit des Zen« zeigt uns Zen-Meister Zensho, wie wir uns von der Sklaverei des verselbständigten Denkzwangs befreien und in den erleuchteten Zustand reiner Bewusstheit eintreten können.

Auf erfrischend zeitgemäße Weise lehrt Zensho ein vollkommen freies Zen, das an keine bestimmte Form gebunden ist. Mit allen Mitteln bemüht er sich um unsere Erweckung aus dem Schlummer der Gewohnheit, denn Gewohnheit, welcher Art auch immer, hindert uns am unmittelbaren Erleben der Wirklichkeit.

In den hier ausgewählten Vorträgen zeigt uns der Meister den Spiegel unseres wahren Seins, und wir erkennen darin unsere stets gegenwärtige Buddha-Natur, unser ursprüngliches Erleuchtetsein.

Immer wieder weist er darauf hin, dass die Wahrheit nicht ausgesagt werden kann, dass sie jenseits aller Worte ist. Denn Worte sind nur Wegweiser, ebenso wie der Finger, der zum Mond weist. Doch dürfen wir nicht am Finger hängenbleiben in der irrtümlichen Ansicht, er sei der Mond.

Zenshos humorvolle Herzlichkeit und seine freie, unkonventionelle Art der Unterweisung verleihen seinen Vorträgen eine ungeheure Lebendigkeit und Präsenz.

Auf anschauliche und lebensnahe Weise weist er uns den Weg zur Befreiung und lässt auch anhand vieler Zitate die alten Meister des Zen selbst zu Wort kommen. So wird zum Beispiel ein Ausspruch von einem alten Meister aufgegriffen und durchleuchtet, und unversehens kommt ein Vergleich aus dem täglichen Leben zu Hilfe und macht das Gesagte deutlich.

In Zenshos Vorträgen spüren wir die Verwirklichung und Freiheit eines großen Erwachten unserer Zeit. Seine aufrüttelnden Worte von schockierender Offenheit sind erfüllt von solch einer geistigen Kraft, dass sie uns treffen können wie ein Blitz. Denn oft wird hierbei die Logik unseres begrifflichen, unterscheidenden Denkens zertrümmert, um die Wahrheit jenseits aller Worte erfassen zu können. Kompromisslos wird alles hinweggefegt, auf dass wir fähig werden, zur grenzenlosen Freiheit des Geistes zu gelangen.

Mit der Veröffentlichung dieser Vorträge hoffen wir, dass dieses Buch in die Hände all jener gelangen wird, die geistig reif sind für die erleuchteten Worte eines großen Erwachten unserer Zeit.

Es sind Worte von unerschöpflich tiefer Weisheit, die uns verwandelt und befreit. Möge dieses Buch allen, die es lesen, zur Befreiung verhelfen.

Januar 2007

Die Herausgeber
Zen-Zentrum Tao Chan, Wiesbaden

Macht euch frei von allem, was ihr in euch oder außerhalb von euch findet – Religion, Tradition und Gesellschaft –, denn nur so werdet ihr Befreiung finden. Seid ihr nicht in die Dinge verstrickt, dann gelangt ihr ungehindert zur Selbständigkeit.

Zen-Meister Lin-chi (9. Jh.)

1

Die Unmittelbarkeit des Zen

Zen ist die Essenz und der Höhepunkt des gesamten Buddhismus. Es ist der direkte, unmittelbare Weg zur Befreiung aus dem Gefangensein im Kreislauf von Geburt und Tod.

Zen interessiert sich nur für die reine unverfälschte Wahrheit an sich. Alle religiösen Systeme und philosophischen Lehren sind in den Augen des Zen nichts weiter als gehirnakrobatische Spekulation und eine Anhäufung von intellektuellem Sperrmüll und deshalb ohne jeden Wert.

Die Wahrheit des Zen ist verblüffend einfach und seine Methode der Vermittlung stets unmittelbar direkt:

> Ein Zen-Schüler kommt zu Zen-Meister Hsinghua und sagt: »Meister, ich bin sehr verwirrt, ich weiß nicht einmal mehr, was der Unterschied ist zwischen schwarz und weiß. Was sagst du dazu?«
> Der alte Meister sagt: »Was hast du gesagt? Komm etwas näher, ich höre heute schlecht.«
> Der Schüler tritt näher heran und wiederholt: »Ich weiß nicht, was der Unterschied ist zwischen schwarz und weiß.«
> Kaum hat er ausgesprochen, bekommt er eine schallende Ohrfeige. Dies brachte den Schüler zur Einsicht, und er verbeugte sich voller Dankbarkeit vor seinem Meister.

Warum alles so kompliziert machen? In Wirklichkeit ist alles ganz einfach. Aber gerade deshalb, weil es so einfach ist, machst du alles so kompliziert. Dies ist so, weil du gewohnt bist, alles mit dem Kopf zu machen. Aber hinter jeder Antwort, die du findest, erhebt sich sofort eine neue Frage. Du glaubst, dass alles, was für dich einen Wert im Leben hat, mit viel Aktivität und Mühe erreicht werden muss. Aber im Zen gibt es nichts zu erreichen – wirklich nichts.

»Das Tao liegt unter deinen Fußsohlen«, sagen die alten chinesischen Meister. Schau ganz einfach hin, und du wirst sehen, dass es schon immer hier war. Es ist schon immer hier, nur – du bist nicht hier! »Jetzt«, in diesem Augenblick, offenbart sich »hier« die Wirklichkeit deines wahren Seins. Wenn du sie hier nicht findest, wirst du sie nirgends finden. Zen-Meister Lin-chi, der Dharma-Nachfolger von Huang-po, sagt:

> Nach allen Seiten tretet ihr euch die Füße platt, was sucht ihr denn? Es gibt keinen Buddha zu suchen noch einen Weg zu vervollkommnen oder eine universelle Wahrheit zu verwirklichen.

Du hörst von der Erleuchtung. Du hörst von der erhabenen Lehre des Buddhismus. Ihr hört von der heiligen Wahrheit jenseits der nüchternen profanen Welt, und schon geht die Suche los. Aber Zen sagt: »Dass es nichts zu erreichen gibt sind keine leeren Worte, sondern die höchste Wahrheit.« Das Paradoxe ist, dass die Wahrheit schon immer gegenwärtig und greifbar nah ist, sich aber sofort entzieht, sobald man bewusst nach ihr greift. Die Wahrheit des Zen befindet sich direkt vor dir, doch sobald du über sie nachdenkst, verfällst du dem Irrtum.

Wenn du dir mit dem Verstand die Dinge zurechtlegst, entfernst du dich immer mehr von der Wahrheit des Zen. Zen kann niemals zum Gegenstand logischer Überlegungen und Erklärungen gemacht werden. Seine Wahrheit muss vielmehr in unserem Innersten erlebt werden, um wirklich verstanden zu werden. Denn ein Gedanke ist niemals fassbar, solange er keine Stütze in der eigenen Erfahrung hat.

Wer das nicht begreift und glaubt, er könne die tiefe Wahrheit des Zen mit seinem Verstand erfassen, verbaut sich nur selbst den Weg zur Befreiung. Ihr dreht euch bei eurer Suche nur im Kreis. Ihr sucht und analysiert und stochert da und dort herum in der Hoffnung, doch irgendetwas zu finden. Ihr glaubt, irgendwo seien da doch die großen philosophischen Erkenntnisse, die von außen her die Sache klarmachen. Auf diese Weise verstrickt ihr euch aber immer mehr in das Rankengewirr eures unterscheidenden, begrifflichen Denkens. Doch Zen erhebt sich über dies alles und ruft euch zu:

> Könntest du dich nur vom begrifflichen Denken frei machen, dann würdest du erkennen, dass es keinen anderen Buddha als jenen in deinem eigenen Geist gibt.

Diese Worte von Zen-Meister Huang-po (9. Jh.) bilden den Kern des wahren ursprünglichen Zen der alten chinesischen Meister. Erst wenn ihr verhindern könnt, dass eure Gedanken suchend umherschweifen, seid ihr wirklich auf dem Zen-Weg zur Befreiung. Denn wenn ihr Zen anhand von Begriffen erfassen wollt, dann begrenzt ihr euch selbst und habt die Wirklichkeit ausgeblendet.

Ihr bewegt euch nur innerhalb eurer selbstgezeugten Grenzen der dualistischen Unterscheidung. Jeder Gedanke erzeugt den nächsten, und ihr entfernt euch so immer weiter weg. Je mehr ihr euch in euer Rankengewirr des unterscheidenden Denkens verstrickt, desto weiter seid ihr von der Wirklichkeit, die ihr sucht, entfernt.

»Alles Denken ist eine irrtümliche Meinung«, sagt Zen. Wozu also sich mit irgendwelchem intellektuellen Abfall das Hirn vollstopfen? Welcher Nutzen soll darin liegen, wie ein Hund in allen Ecken herumzustöbern und lauter altes Zeug ins Maul zu nehmen? Greife in deinen eigenen Schatz, denn die Wahrheit, die du suchst, ist dir näher als du dir selbst.

Es gibt nichts zu suchen, es gibt nichts zu erlangen! Denn es gibt keinen Raum, wo irgendwelche Dinge voneinander entfernt sein könnten, und es gibt keine Zeit, in der irgendetwas noch nicht oder nicht mehr ist. Denn alles ist ein Zugleich, das sich in diesem Augenblick »jetzt-hier« offenbart.

Dies ist auch der Kerngedanke der auf dem Avatamsaka-Sutra basierenden Hua-yen-Schule des chinesischen Buddhismus. Die Grundlage des Hua-yen ist »die Lehre von der gegenseitigen Durchdringung aller Dinge«. Es ist die Lehre von der fundamentalen Einheit, Ganzheit und Gleichheit allen Seins. Das ganze Universum ist ein ganzheitlicher Organismus, ein kosmisches Netzwerk, in dem sich alles gegenseitig durchdringt und miteinander verknüpft ist. Um dies näher zu veranschaulichen, gibt das Avatamsaka-Sutra das Gleichnis von Indras Perlennetz.

Dort heißt es, dass hoch oben im Himmel, über dem Palast des Gottes Indra, ein großes Perlennetz aus unendlich vielen Perlen hängt. Alle Perlen dieses Netzes sind so angeordnet, dass jede einzelne Perle alle anderen widerspiegelt. Eine Perle enthält so alle anderen und spiegelt gleichzeitig, durch die Reflexion des Lichtes, den gesamten Kosmos mit allem, was darin ist, wider.

Alles ist ein allumfassendes Ganzes, das alles in sich beschlossen hält. Alles ist ein absolutes Hier und Jetzt. Und da alles jetzt-hier ist, wo willst du suchen, und was willst du suchen? Jetzt ist Hier und Hier ist Jetzt! Und willst du dein wahres Wesen erfahren, musst du dich »jetzt-hier« darauf einlassen. Wie willst du das Jetzt erfahren, wenn du im Morgen oder im Übermorgen bist, wenn du im Da und Dort bist?

Die Vergänglichkeit alles Seienden kann plötzlich und unerwartet alle deine Spekulationen zunichtemachen. Alles, was du für die Zukunft planst, ist eine Spekulation auf ein Ziel hin, doch angesichts der Gegenwart des Todes ist es ein Nichts, ohne jeden Wert. Mit den Worten von Zen-Meister Yung-chia (8. Jh.):

> Die Sache von Leben und Tod ist gewaltig und die Vergänglichkeit packt schnell zu. Wie kann man sich da noch mit Nebensächlichkeiten aufhalten?

Nichts ist wichtig angesichts der Gegenwart des Todes!

Lass alles los, was es auch sei – »MU« – Nichts! Das MU ist das Nichts in Bezug auf Raum und Zeit, und somit das Nichts in Bezug auf jeden Bewusstseinsinhalt.

MU ist hier-jetzt und offenbart sich »jetzt-hier«. Da gibt es kein Kommen, und da gibt es kein Gehen. MU ist hinten und vorne, oben, unten und seitlich – überall, allumfassend. Dieses MU ist das Jetzt – und das Jetzt ist die Ewigkeit. Dies gilt es zu erkennen und sich ganz darauf einzulassen!

Dein Geist wird dann vollkommen frei sein, auch wenn er sich innerhalb von Leben und Tod bewegt. Du lässt dich nicht mehr ein auf leere Phantasien und die Eitelkeiten materieller Leidenschaften. Befreit von dem Gebundensein an die Welt der Sinne kann nichts mehr dich täuschen. Ungebunden lebst du inmitten der Welt und gehst durch Geburt und Tod in völliger Freiheit. Du kommst und gehst wie es dir gefällt und bist vollkommen frei und unabhängig.

In der chinesischen Zen-Malerei begegnen wir oft Hotei, dem »Lachenden Buddha«, wie er im Zen genannt wird. Hotei wird meistens dargestellt als ein kleiner dicker Mann mit einem großen Sack über der Schulter und mit einem ansteckenden breiten Lachen über das ganze Gesicht. Dieser lachende Buddha steht im Zen für den vollkommen befreiten Menschen, der alle Begrenzungen gesprengt und die Welt überstiegen hat. Er verkörpert das in den »Zehn Ochsenbildern« im letzten Bild dargestellte höchste Ideal des Zen.

Hotei lebte in der Zeit der Tang-Dynastie, der Hochblüte des Zen-Buddhismus in China. Er war ein

Zen-Meister von höchster geistiger Verwirklichung, doch er hatte nicht das geringste Verlangen, in einem Kloster zu leben und Schüler zu unterweisen. Er zog lieber, mit einem Sack auf der Schulter, durch die Dörfer und verteilte Süßigkeiten an die Kinder.

Hotei lebte das Leben eines Zen-Clochards, ungebunden, unabhängig. Wie der Wind in den Bäumen und der Mond im Wasser lebte er sein Leben in völliger Freiheit und Übereinstimmung mit dem Ganzen.

> Eines Tages begegnete Hotei einem Zen-Mönch, und dieser fragte ihn: »Was ist das Geheimnis des Zen?«
> Hotei ließ sofort als stumme Antwort seinen Sack, den er auf dem Rücken trug, zu Boden fallen und breitete die Arme aus.
> »Dann sage mir«, fragte der Mönch, »worin besteht die Verwirklichung des Zen?«
> Sofort ergriff der ›Lachende Buddha‹ seinen Sack, warf ihn sich über die Schulter und ging seines Weges, ohne sich noch einmal umzuschauen.

Die Freiheit und Heiterkeit des Geistes ist der natürliche Zustand eures wahren Seins. Macht einfach nur euren Geist frei von allem, was es auch sei. Wenn ihr mit allem so umgeht, wie es sich gerade ergibt, dann werdet ihr mit allem in vollkommener Übereinstimmung sein. So sagt ja auch der chinesische Zen-Meister Lin-chi:

> Der wahre Zen-Weg ist ganz einfach und bedarf keiner Mühe. Er besteht im Alltäglichen und hat kein

> Ziel: – sich anziehen, pissen, scheißen, essen und schlafen, wenn man müde ist. Die Unwissenden ohne Zen-Verständnis mögen mich auslachen, doch die Weisen wissen Bescheid.

Diese Worte von einem der originellsten Meister in der Geschichte des Zen werden manche Menschen schockieren, und sie werden sich fragen: Wie kann denn das der wahre Weg des Zen sein? Doch der alte Meister Lao-tse würde ihnen von seinem Ochsen herunter zurufen: »Wahre Worte sind nicht schön und schöne Worte sind nicht wahr.«

Zen ist stets erfrischend direkt und hält sich nicht mit schönen Worten und freundlichem Getue zur Erbauung der Egos auf.

> Einst kam ein Mönch zu Zen-Meister Tokusan (9. Jh.), um ihn nach der Wahrheit des Zen zu befragen. Bevor er seine Frage stellte, verbeugte er sich, der buddhistischen Vorschrift entsprechend, tief vor dem Meister. Doch bevor er seine Verbeugung beendet hatte, erhielt er von Tokusan einen gewaltigen Schlag mit dem Stock.
>
> »Warum schlägst du mich?«, fragte der Mönch mit schmerzverzerrtem Gesicht, »ich habe doch noch gar nichts gesagt.«
>
> »Es hat auch keinen Sinn zu warten, bis du den Mund aufmachst«, sagte Tokusan und hob seinen Stock zum nächsten Schlag. Der Mönch eilte schnell davon.

Zen hat nur ein einziges Anliegen. Es will alle eure Verhaftungen an Worte, Vorstellungen und Erwartungen gründlich zerstören, damit ihr aus eurem Traum aufwacht. Deshalb sagt Zen-Meister Huang-po:

> Wenn ihr Schüler auf dem Weg nicht zu dieser Geistsubstanz erwacht, werdet ihr den Geist mit begrifflichem Denken überlagern, den Buddha außerhalb von euch selbst suchen und gebunden bleiben an Formen, fromme Übungen und anderes, was schädlich und keineswegs der Weg zur höchsten Erkenntnis ist.

Weshalb könnt ihr euer ursprüngliches Wesen nicht erkennen, obwohl es doch stets gegenwärtig ist? Warum klammert ihr euch an künstlich erdachte spirituelle Praktiken und Lehren, die ohne jeden wirklichen Wert und nur eine Spielerei des Ego sind? Warum eine Diskussion auf falschen Begriffen aufbauen?

So manch einem von euch wurde schon die Frage gestellt, was ich euch lehre. Ich will es euch sagen: Meine Lehre ist die Lehre, dass es nichts zu lehren gibt. Es ist »die Freiheit des Zen«, die Wahrheit jenseits aller Worte und aller Begrenzungen, welcher Art auch immer. Gehe »jetzt« in diesem Augenblick im gegenwärtigen Moment auf und sieh die Dinge so, wie sie sind. Sei unabhängig von allem, was es auch sei! Befreie dich von allem – vor allem von dir selbst, und du wirst urplötzlich die allumfassende Verwirklichung erlangen.

Zu meinem Meister Soji Enku kam einmal ein sehr kopflastiger Theologe und sagte: »Ich habe Ihren letzten

Vortrag gehört, doch ist mir der Sachverhalt des Zen noch nicht ganz klar. Deshalb möchte ich Sie fragen, was kann man als die grundlegende Wahrheit des Zen bezeichnen?« Und Soji Enku sagte nur: »Der Boden unter Ihren Füßen – das ist die grundlegende Wahrheit des Zen.«

Der kopflastige Theologe hatte das große Glück, dass ihm mein Meister in seiner großmütterlichen Güte so freundlich antwortete. Hätte er seine Frage einem der alten chinesischen Meister der Frühzeit, wie Tokusan, Lin-chi oder Ma-tsu gestellt, wäre er bestimmt auf der Stelle niedergeschlagen worden.

> Als ein Mönch Zen-Meister Ma-tsu fragte: »Was ist der Sinn dessen, dass Bodhidharma (der erste Patriarch des Zen) aus dem Westen gekommen ist?«, versetzte ihm der Meister mit seiner Faust einen gewaltigen Schlag vor die Brust, so dass dieser zu Boden stürzte.
> Ma-tsu lachte laut und brüllte: »Hätte ich dich nicht niedergeschlagen, dann würde man im ganzen Land über mich lachen!«

Solch eine ursprüngliche, unmittelbare und spontane Lehrmethode hebt den Verstand aus den Angeln und schließt das Denken kurz. Zen verweist stets mit äußerstem Nachdruck auf die unmittelbare Erfahrung der reinen Wahrheit und belastet sich nicht mit Vermutungen und leerem Gerede.

Das Hauptmerkmal des Zen ist zweifellos seine Unfassbarkeit. Wie das Wasser, das durch die Finger rinnt, entzieht es sich jeder Begriffsbestimmung. Die Dinge sind vollkommen klar, aber sie werden unklar durch euer unterscheidendes, begriffliches Denken. Solange ihr in eurer Hirnlastigkeit gefangen seid und euch mit dem Verstand die Dinge zurechtlegt, werdet ihr keinen Zutritt zur Wahrheit des Zen finden.

Wenn wir gerade einmal bei Soji Enku sind, möchte ich noch eine kleine Begebenheit erzählen, die ich mit ihm erlebt habe.

Eines Nachmittags räumten einige Schüler das Zimmer von Soji Enku auf und redeten dabei über dies und das. Der Meister saß an seinem Schreibtisch und drehte sich langsam auf dem Drehstuhl mal nach links, mal nach rechts und schien völlig teilnahmslos.

Plötzlich hielt er mit einem Ruck an, deutete mit seinem Finger auf die Wand und sagte: »Was ist denn das für ein hässlicher Fleck da? Wo kommt denn der plötzlich her?« Alle schauten dorthin und fragten: »Was für ein Fleck?« – »Da, dieser Fleck an der Wand. Seht ihr ihn denn nicht?«

Auf einmal nahm er seine Brille ab und sagte völlig erstaunt: »Oh, er ist weg.« Dann setzte er die Brille wieder auf und sagte: »Na so was, jetzt ist er wieder da.« Daraufhin schaute er die Brille an und sagte: »Oh, was ist denn da für ein Fleck auf meiner Brille?« Alle waren sehr betreten und still danach. Jeder hatte die wunderbare Belehrung verstanden.

Jeder hatte seine eigenen Projektionen in den Raum gesetzt; all das, was er projiziert hatte an Identifikationen und Fehlinterpretationen. So stand Idee gegen Idee, Nichtwissen gegen Nichtwissen. Viele Worte um nichts.

Aber schon der taoistische Meister Chuang-tse sagte im vierten Jahrhundert v. Chr. in China:

> Weit besser, als jedem »Ja« des anderen ein »Nein« und jedem »Nein« des anderen ein »Ja« entgegenzusetzen, ist der Weg zur Erleuchtung.

Ja und Nein, Bejahung und Verneinung sind Folgeerscheinung des Nichtwissens, so wie es sich im Allgemeinen äußert. Solange ihr euch noch in diesem logischen Dualismus des Nichtwissens befindet und euch an euren eigenen Vorurteilen festklammert, seid ihr dazu verdammt, in der Zwangsjacke eurer eigenen Projektionen zu zappeln.

Ihr unterliegt der Täuschung eurer geträumten Trugwelt, der Maya, und das ist eine Erscheinungsweise, die keine Wirklichkeit aus sich selbst hat. Also gibt es keinen anderen Weg, als alles sein zu lassen wie es ist und aufzuwachen. Nur so wirst du zu einem Meister werden, der sämtliche Begrenzungen sprengt. Mit anderen Worten: Befreit euch von allem, und dein wahres Sein wird als das, was stets da ist und immer da war, hell und klar aufstrahlen – hunderttausendmal heller als die Sonne.

Erleuchtung ist nicht irgendetwas, was von außen hereinkommt. Viele meinen es sei so, sie säßen jetzt hier im Nichtwissen und plötzlich strahle ein Licht auf, wie eine Glühbirne, und alles sei klar. In Wirklichkeit ist es aber vielmehr so, dass sich deine Projektionen, die du schon dein ganzes Leben lang und darüber hinaus auf die Wirklichkeit projizierst, auflösen. Und alles ist so, wie es ist und wie es immer war. Du wirst erfahren, dass es niemals so etwas gab wie Geburt und Tod und Raum und Zeit und dass es demzufolge auch keine raum-zeitliche äußere Erscheinungswelt gibt. Das sind alles nur Erscheinungsweisen des Maya-Traumes, den ihr selbst träumt – Projektionen des Nichtwissens.

Erleuchtung und Nichtwissen, Gefangensein im Kreislauf von Geburt, Altern, Verzweiflung, Krankheit, Schmerz, Tod – das alles sind Bestandteile des Traumes, den ihr träumt. Und deshalb gibt es nur eine einzige Möglichkeit, um da herauszukommen, und die ist: Aufwachen! Werdet wach und hört auf zu träumen!

(kurzes Schweigen)

Soll ich noch was sagen? Oder soll ich nichts mehr sagen? Wenn ich nichts mehr sage, glaubt ihr vielleicht, es sei hier alles gesagt worden über die Wahrheit. Doch wenn ich noch etwas sage, besteht die Gefahr, dass ihr meint, es gäbe über die höchste Wahrheit, die jenseits aller Worte ist, doch etwas zu sagen. Aber kein Wort trifft es! Alles, was ich eben sagte, hat mit der Sache nichts zu tun.

Alles, was jemals ausgesagt wurde über Gott, über Erleuchtung, über das ewige Leben usw., ist nichts weiter als totaler Unsinn. Es hat mit der unaussagbaren Wirklichkeit, die jenseits all dessen ist, was Sinne und Verstand zu fassen vermögen, nicht das Allergeringste zu tun. »Warum also Herbstblätter für Gold halten?«

Alle religiösen und philosophischen Aussagen sind wie eine leere Faust, die man zum Spaß einem Kind hinhält.

Das Kind glaubt, es sei etwas drin – aber es ist nichts drin. In keinem spirituellen System ist die Wahrheit enthalten. Du kannst noch so lange suchen. Du kannst dein ganzes Leben damit verbringen, sämtliche religiösen und philosophischen Lehren zu studieren. Doch dies alles hat mit der unaussagbaren Wahrheit nichts zu tun. Deshalb gebe ich euch den Rat: Lasst alles los! Befreit euch von allem! Vergeudet nicht sinnlos eure Zeit. Denkt an die mahnenden Worte von Yün-men:

> Vergeudet eure Zeit nicht sinnlos! Verliert ihr euren menschlichen Leib erst einmal, so erhaltet ihr keinen mehr für unzählige Zeitalter. Das ist keine Bagatelle!
> Verlasst euch nicht auf äußere Dinge. Wenn sogar ein Weltlicher wie Konfuzius sagen konnte: »Hör ich am Morgen vom Tao, kann ich am Abend zufrieden sterben« – wie viel mehr gilt das dann für uns Zen-Mönche? Was ist denn das Problem, das es zu erledigen gilt? Ihr müsst euch unbedingt anstrengen! Gebt Acht!

Alle Dinge sind wie ein Traum, eine Vision, Blüten aus dem Nichts; ihnen hinterherzujagen ist ein vollkommen sinnloses und mühseliges Unterfangen.

Wer ein wahrer Mensch des Zen ist, betrachtet auf seinem Weg durch die Welt alle Erscheinungen als Illusion. Er ist stets Meister seiner selbst und macht sich nicht zum Sklaven menschlicher Empfindungen. Frei von allen Identifikationen bricht er, mitten im Getümmel der Welt, zum klaren Licht der Wirklichkeit durch.

2

Die höchste Wahrheit ist nicht schwierig

Die höchste Wahrheit ist nicht schwierig und lässt keine Wahl zwischen Zweierlei zu.
Wenn man nicht mehr hasst oder begehrt, dann offenbart sie sich klar und unendlich. Doch wer nur Haarbreit von ihr getrennt bleibt, der ist von ihr geschieden so weit wie der Himmel von der Erde.

ZEN-MEISTER SENG-TSAN (7. JH.)

»*Die höchste Wahrheit ist nicht schwierig*«, sagt Zen-Meister Seng-tsan. Was soll man davon halten? Selbst wenn du nur eine Fremdsprache lernen willst, musst du dich schon anstrengen. Aber das Allerhöchste, etwas von solch gigantischer Größe, dass meine Worte nicht ausreichen, es euch zu verkünden – das soll ohne jede Schwierigkeit sein?

Doch ich sage euch: Die höchste Wahrheit ist nicht nur nicht schwierig, vielmehr ist sie das Allerleichteste von der Welt. Doch wenn ihr sie in Büchern sucht, wird die Sache sehr kompliziert und schwierig.

Ihr seid ernsthaft davon überzeugt, dass Zen eine schwierige Angelegenheit sei. In Wirklichkeit ist es jedoch sehr leicht, aber euer Verstand kann sich nicht vorstellen, wie leicht. Aus diesem Grund redet ihr euch ein, es müsse sehr schwer sein. Schwierig wird es nur durch eure falsche Voraussetzung, mit der ihr an die Sache herangeht. Die falsche Voraussetzung ist, dass ihr etwas sucht, was ihr niemals finden könnt, wenn ihr euch auch noch so anstrengt, da das, was ihr sucht, als euer allereigenster Besitz stets gegenwärtig ist. Deshalb sagt der chinesische Zen-Meister Da-zhu (8. Jh.):

> Das Schatzhaus in dir enthält alles, und es steht dir zur vollen Verfügung. Du brauchst nicht außerhalb zu suchen.

Das, was ihr sucht, ist euer wahres göttliches Selbst, außerhalb von Raum und Zeit und jenseits von Geburt und Tod. Es ist eure eigene Wirklichkeit. Ihr habt sie nie verloren, sie ist immer da. Nur habt ihr sie überdeckt mit den Projektionen eurer Wahnvorstellungen. Die höchste Wahrheit, die ihr sucht, liegt direkt vor euch, sie offenbart sich in allen Formen, in allen Erscheinungen.

> Es kam einmal ein Mönch zu dem chinesischen Zen-Meister Tsao-shan (9. Jh.) und fragte ihn: »Was an den Erscheinungen ist wahr?«
> Tsao-shan sagte: »Erscheinung ist Wahrheit, und Wahrheit ist Erscheinung.«
> Der Mönch verstand nicht und fragte weiter: »Und wo offenbart sich das?«
> »Hier!«, sagte der Meister und hob das Teebrett in die Höhe.

Alles ist die Wirklichkeit. Alles ist eine Offenbarung der Wahrheit. Es gibt nichts Existierendes, das nicht eine Erscheinung der Wahrheit ist. Doch ihr überblendet die Wirklichkeit mit der Vorstellung von Vielheit und

Getrenntheit. Wenn ihr mich fragt: »Wo offenbart sich die Wirklichkeit?«, dann verweise ich vielleicht hier auf diesen Gong. Ich könnte auch auf diese Lampe zeigen oder auf dieses Bild. Alles, was ihr wahrnehmt, alles ist die Wirklichkeit, die höchste Wahrheit, so wie sie ist.

Die höchste Wahrheit ist nicht schwierig und lässt keine Wahl zwischen Zweierlei zu.

Die *»Wahl zwischen Zweierlei«* wäre zum Beispiel, wenn ihr sagt: »Ich befinde mich in einer schönen Umgebung, ich sitze am Meer, höre das Rauschen der Brandung, rieche die wunderbare Salzluft, ich höre die Möwen, phantastisch – das ist eine geistige Dimension.«

Auf der anderen Seite sagt ihr dann: »Jetzt bin ich hier in einer verrufenen Nachtbar, mit nackten Go-go-Girls, Alkoholgeruch und billigem Parfüm – das ist die Welt der Begierde, und das kann die Wahrheit nicht sein.« Doch genau das ist die »Wahl zwischen Zweierlei«, die euch zum Verhängnis wird.

Der Weg, den ich euch weise, ist der »tantrische Zen-Weg«. Dieser große Zen-Weg ist kein Weg für kleine, beschränkte Geister. Es ist der Weg zur Erleuchtung mitten in der Welt, mitten in den Anforderungen des täglichen Lebens. Ausführlich habe ich darüber in meinem Buch »Der große Zen-Weg« gesprochen.

Du kannst niemals Befreiung finden, wenn du dich von der Welt zurückziehst und in einem Kloster nur noch heilige Lieder singst und auf deinem Meditationskissen stumpf wie das Vieh gegen die Wand glotzt. Der tantrische Zen-Weg ist der Weg des »Feuerlotus«.

Es ist der direkte Weg zur Befreiung, in der Bewährung der inneren Stabilität und Gelassenheit, inmitten ablenkender äußerer Umstände.

Dieser aktive Zen-Weg erfordert einen entschiedenen starken Willen, so dass du in allen Schwierigkeiten und Freuden des täglichen Lebens die Unerschütterlichkeit des Geistes bewahrst. Wer in seiner Weltabgewandtheit festhängt und nicht im Reich der Leidenschaften leben kann ohne Schaden zu nehmen, wird weder sich noch andere retten können.

Ich würde euch diesen Weg nicht weisen, wenn ich ihn nicht selbst gegangen wäre. Mein Weg zur Erleuchtung ist vollkommen aus der Art geschlagen und entspricht in keiner Weise der allgemeinen Vorstellung von einem Weg zur Befreiung. Aber das brauche ich hier nicht näher auszuführen – ihr kennt ja alle meine Geschichte.

Überall, wo es auch sei, ist die Wirklichkeit, die ihr sucht. Mit den Worten des Apostels Paulus: »Alles ist erfüllt von der Fülle Gottes.« Überall offenbart sich die Herrlichkeit des göttlichen Seins. Und wenn ihr sie nicht mitten im täglichen Leben, mitten in der Welt der Begierde findet, dann findet ihr sie auch nicht in einem buddhistischen Tempel, in einer Kirche oder an sonst einem schönen »heiligen« Ort. Dann ist das auch nur ein Gaukelspiel eures konditionierten, unterscheidenden Denkens, und ihr macht euch nur selbst etwas vor. Deshalb sagt Zen-Meister Lin-chi:

> Wenn du das Heilige liebst und das Gewöhnliche verachtest, dümpelst du immer noch auf dem Meer der Verblendung.

Du musst beides übersteigen, das Profane und das Sakrale! Befreie dich von jeder Unterscheidung – du darfst an nichts haften!

Meister Tsao-shan, der Meister mit dem Teebrett, wurde einmal von einem Mönch gefragt:
»Wer im Reich hält das Schwert in der Hand?«
Zen-Meister Tsao-shan sagte: »Ich, Tsao-shan, halte das Schwert in der Hand!«
Der Mönch fragte: »Wen wollt Ihr damit töten?«
»Alle!«, erwiderte der Meister.
»Aber wenn euch eure Eltern begegnen, wollt ihr die etwa auch töten?«
»Warum sollte man da eine Ausnahme machen?«, sagte der Meister.
»Gut«, sagte der Mönch, »aber da bleibt ja noch Ihr übrig.«
»Was kann man denn da tun?«, fragte der Meister.
»Ihr könntet ja Euch selbst töten!«, meinte der Mönch.
Da antwortete Tsao-shan: »Ich wüsste nicht, wo ich da anfangen sollte.«

Das ist die totale »Nicht-Unterscheidung«. Weder annehmen noch verwerfen. Deshalb sagt Zen-Meister Lin-chi auch: »Ihr seid noch nicht aus der Familie ausgetreten!« Er will damit sagen: Ihr seid noch nicht herausgetreten aus euren Konditionierungen, Verhaltensmustern und Denkmodellen. Ihr seid noch gefangen in euren ganzen Schablonen und Fixierungen, ihr steht noch nicht in der wolkenlosen Klarheit des

Geistes, und somit steht ihr noch im unterscheidenden Denken. Zen-Meister Seng-tsan sagt in seiner Schrift Shinjinmei, dem »Stempel des Glaubens«, weiter:

> *Wenn man nicht mehr hasst oder begehrt, dann offenbart sich die Wahrheit klar und unendlich.*

Wenn ihr frei seid von Begehren und Hass, das heißt von Annehmen und Verwerfen, von Ergreifen und Zurückweisen, dann offenbart sich die höchste Wahrheit, klar und unendlich. Sie offenbart sich, wenn ihr nicht mehr in der Wahl, in der Unterscheidung zwischen Zweierlei steht. Yin und Yang gehören zusammen und ergänzen sich. Du kannst nicht das eine haben ohne das andere. Das wäre genauso, als wolltest du elektrischen Strom haben ohne Minuspol, nur durch den Pluspol. Oder als wolltest du, dass nur noch die Sonne scheint und es nie mehr regnet.

Alles ist die eine Wirklichkeit, sei es ein herrlicher Schmetterling, sei es eine wunderschöne Blume oder sei es ein stinkender Hundescheißhaufen auf der Straße.

> Ein Schüler des Zen fragt seinen Meister: »Wer ist der Buddha aller Buddhas der Vergangenheit, Gegenwart und Zukunft?«
> »Der Schafgarbenstrauch hinter dem Scheißhaus.«

Warum unterscheiden? Es ist alles das Eine, denn alles ist ein organisches, allumfassendes Ganzes, das alles in sich beschlossen hält, du kannst nichts herausnehmen. Nichts kannst du herausnehmen, noch kein Staubkorn.

Wenn es dir gelänge, irgendetwas – und sei es nur ein kleines Staubkorn – aus dem Universum zu entfernen, würde das ganze Universum in sich zusammenstürzen. Selbst wenn man im Laboratorium ein Atom zertrümmert, ist diese Zertrümmerung nur eine Umwandlung in eine andere Form von Energie. Du kannst nichts zunichtemachen, nichts verschwinden lassen, nichts auflösen, denn alles lässt sich nur umwandeln.

Alles ist das große Tantra, das heißt: die große Transformation. Und deshalb geht es im Zen darum, mit dieser allumfassenden Wandlung des Tao im Einklang zu sein. Das ganze Universum befindet sich in ständiger Bewegung. Sei eins mit der Bewegung, stell dich nicht dagegen, und du bist im Tao! Also keine Unterscheidung, alles ist gut, so wie es ist, und wäre es nicht so, wie es ist, dann wäre es auch gut.

Ich weiß, dass es nicht leicht ist, diese Wahrheit anzunehmen, aber letztlich bleibt dir keine andere Möglichkeit, als sie zu akzeptieren. Nicht in pessimistischer Resignation, sondern aus innerer Einsicht. Du kannst die Welt erleben als ein wunderbares Paradies oder auch als eine furchtbare Hölle – es liegt ganz bei dir.

Beim letzten Zen-Sesshin erzählte ich von der Begegnung zwischen Zen-Meister Hakuin und einem Samurai:

> Ein Samurai kommt zu Zen-Meister Hakuin und sagt: »Schon lange beschäftigt mich die Frage um Himmel und Hölle. Deshalb möchte ich dich fragen, gibt es wirklich ein Paradies und eine Hölle?«
> Hakuin sagt: »Wer bist du überhaupt, dass du einfach so daherkommst und mir so eine Frage stellst?«

»Siehst du das denn nicht? Ich bin ein Samurai der kaiserlichen Garde!«, antwortet der Samurai voller Stolz.
Hakuin fängt an zu lachen und sagt: »Unmöglich, so eine jämmerliche Gestalt wie dich würde unser Kaiser niemals einstellen. Du siehst ja aus wie ein armseliger Bettler.«
Der Samurai greift wutentbrannt zum Schwert, reißt es heraus und stürmt auf Hakuin ein.
Hakuin erhebt die Hand und sagt mit ruhiger Stimme: »Soeben öffnet sich das Tor zur Hölle.«
Wie vom Blitz getroffen bleibt der Samurai stehen, steckt das Schwert wieder zurück und verbeugt sich.
Und Hakuin sagt: »Soeben öffnet sich das Tor zum Paradies.«

Du projizierst es selbst, dieses ganze Weltentheater, diese ganze Traumwelt, so wie du sie erlebst. Und das bezieht sich auch genauso auf alle Erfahrungen im Bardo, dem Zwischenzustand zwischen Tod und Wiedergeburt, von denen das Tibetische Totenbuch berichtet. Es sind alles Projektionen des samsarischen Bewusstseins. Dies bezieht sich ebenso auf die zornvollen Buddhas und alle anderen schrecklichen Erscheinungen wie auch auf die herrlich leuchtenden, friedvollen Buddhas, die in der Vision des Bardo erscheinen. Sie sind nichts anderes als verselbständigte Projektionen des Bewusstseins.

Darum ist es sehr wichtig, dass du zum »Gewahrsein des Geistes« und zur »nicht-unterscheidenden Klarschau« mitten im Leben gelangst. Es ist absolut notwendig, dass du mitten in der Aktivität, überall, wo es auch sei, die trügerische Natur aller Erscheinungen durchschaust, so dass du überall und auch im Bardo alle Erscheinungen als deine eigenen Projektionen erkennst. Denn so, wie du sie im alltäglichen Leben projizierst, so projizierst du sie auch im Zwischenzustand zwischen Tod und Wiedergeburt. Der Prozess ist ein und derselbe, ohne jeden Unterschied.

In dem Augenblick aber, wenn du alle Erscheinungen als deine eigenen Projektionen durchschaust, erfährst du deinen Aufstieg über die dunklen Nebel der Erscheinungen in das klare Licht der Wirklichkeit. Dein wahres Auge des erleuchteten Geistes ist mit einem Mal geöffnet, und gleich einem von den Toten Auferstandenen wirst du in Lachen ausbrechen und in die Hände klatschen vor Freude.

In diesem Augenblick wirst du erkennen, dass dein eigener Geist und die grenzenlose Weite des Einen Geistes ein einziges Sein ist, neben dem nichts anderes existiert.

Wer nur haarbreit von der Wirklichkeit getrennt bleibt, der ist von ihr geschieden so weit wie der Himmel von der Erde.

»Das Kleinste ist dem Größten gleich, und das Größte ist dem Kleinsten gleich«, sagt Lao-tse. Das gilt auch hier. Wenn du den Bogen anlegst und auf ein Ziel richtest und der Pfeil schießt daneben, dann hast du das Ziel verfehlt, sei es um ein Haar oder um einen Meter, da ist kein Unterschied. Die Abweichung wäre in jedem Fall groß. Befreie dich von der Sklaverei des unterscheidenden, begrifflichen Denkens. Denn jede Abweichung von der nicht-unterscheidenden Klarschau des Geistes, und sei sie noch so klein, trennt dich unendlich weit von der absoluten Wirklichkeit.

> Eines Tages kam ein Mönch zu Zen-Meister Tsao-shan und bat ihn: »Meister, ich bin krank, bitte heilt mich.«
> Tsao-shan sagte: »Ich werde dich nicht heilen.«
> »Warum nicht?«, fragte der Mönch.
> Tsao-shan erwiderte: »Damit du weder lebst noch stirbst.«

»Weder lebst noch stirbst!« HO! (Zensho schlägt im selben Augenblick das Schlagholz auf den Metallrahmen des Gongs!!!) Wozu gehört dieses HO, zum Leben oder zum Tod? Was du auch sagst, es hat mit der Sache nichts zu tun.

Erst wenn du es überschreitest, dann offenbart es sich. Dann werden wir uns Auge in Auge gegenüberstehen, und jedes weitere Wort ist überflüssig. Warum also eine Diskussion auf falschen Begriffen aufbauen?

> Einst kam Zen-Meister Tokusan in die Mönchshalle, hielt seinen Stock hoch und sagte: »Wenn ihr ein Wort zu sagen habt, werde ich euch dreißig Stockhiebe geben.
> Doch wenn ihr kein Wort zu sagen habt, werdet ihr ebenfalls dreißig Stockhiebe kreuz und quer über eure Schädel bekommen.«

Annehmen und verwerfen, richtig oder falsch, gut oder böse, weltlich oder geistig, das ist alles der Kampf des unterscheidenden, dualistischen Denkens. Weltlich ist nur, wenn du unterscheidest zwischen weltlich und geistig, denn das Geistige offenbart sich nur da, wo du nicht mehr am Geistigen festhältst.

Wenn dein Geist rein und leer ist, dann sind alle Dinge rein und leer. Dann kannst du dich jeden Tag in der gewöhnlichen Welt aufhalten und trotzdem vollkommen unabhängig sein. Hast du diese Verwirklichung erlangt, dann bist du frei wie der Wind in den Bäumen und der Vogel in der Luft. Als Herr jeder Lage wirst du eins mit all den verschiedenen Umständen. Ohne Hindernisse und Begrenzungen bist du weit und offen wie der grenzenlose Raum und lebst mitten in der Welt »die Freiheit des Zen«.

(kurzes Schweigen)

Wenn ich so eine Pause mache wie eben, wird bei dem einen oder anderen der Gedanke kommen: »Mal sehen, was jetzt kommt.« Aber ich sage euch: Es ist schon da! Alles, was kommen könnte, ist schon da. Es gibt nichts zu erwarten. Von allem Anfang an hat sich noch kein Grashalm bewegt, das wahre Wort ist schon gesprochen. Wenn ihr da seid, ist es da! Alles, was hier ist, ist auch anderswo, und was hier nicht ist, ist nirgendwo.

> Ein Novize kam zu Zen-Meister Nansen (9. Jh.) und sagte: »Meister, ich bin noch neu im Kloster und suche den Weg zur Erleuchtung. Bitte gebt mir einen Rat, wie ich ihn finden kann.«

> Meister Nansen fragte: »Hörst du das Rauschen des Flusses?«
> »Ja, Meister.«
> »Das ist der Weg«, sagte der Meister.

Und so frage ich euch: Hört ihr das Plätschern des Regens?

3

Hör auf zu suchen

Wenn ihr Schüler des Weges Buddha werden wollt, braucht ihr keinerlei Lehre zu studieren. Ihr müsst nur lernen, wie ihr es vermeidet, nach etwas zu suchen und euch an irgendetwas zu klammern.

ZEN-MEISTER HUANG-PO (9. JH.)

Diese kurze Textstelle des chinesischen Zen-Meisters Huang-po ist reines Zen. Es sind vollkommen klar gesprochene Worte von höchster Einsicht.

Und doch ist es völliger Unsinn, dass Huang-po sagt: »*wenn ihr Schüler des Weges Buddha werden wollt*«. Denn wie wollen wir etwas werden, was wir schon sind? Wie wollen wir etwas erlangen, das wir schon besitzen, und zwar seit Ewigkeit als unser allereigenstes ursprüngliches Sein?

Trotzdem ist es vollkommen richtig, was Huang-po sagt. Denn da ihr glaubt, ihr hättet es verloren und müsstet es wiedererlangen, gibt er euch den gutgemeinten Rat: »*Wenn ihr Schüler des Weges Buddha werden wollt, braucht ihr keinerlei Lehre zu studieren.*«

Auf diese Weise ist schon ein Irrtum beseitigt; denn dass du glaubst, du müsstest Buddha, ein Erwachter, werden, ist schon der erste Irrtum. Und dies ist so, weil du schon von allem Anfang an der wahre Buddha bist. Und wenn du obendrein noch glaubst, du müsstest eine bestimmte Philosophie oder Religion, das heißt irgendein künstlich erdachtes Denksystem studieren, um zu erwachen, wäre das schon der zweite Irrtum. Es ist außerordentlich wichtig zu erkennen, dass es wirklich nichts zu erreichen gibt. Überhaupt nichts!

Die wahre grundlegende Natur deines Seins ist die unfassbare leuchtende Natur des Einen Geistes. Doch da du die Ursache von Geburt und Tod nicht erkennst, hältst du das Falsche für wirklich und klammerst dich daran fest. In stupider Routine gehst du dem Falschen nach und bindest dich so an Geburt und Tod und durchlebst alle Arten von Leiden.

In Wirklichkeit ist der Geist jedoch von strahlender Klarheit erfüllt. Deshalb wirf die Dunkelheit deiner alten, toten Begriffe fort – befrei dich von allem! »Dass es nichts zu erreichen gibt sind keine leeren Worte, sondern die höchste Wahrheit«, sagt Huang-po. Es gibt keinerlei Lehre zu studieren. Dies ist die wesentliche Grundvoraussetzung zum Verständnis des Zen. Deshalb sagt Zen-Meister Lin-chi:

> Freunde des Zen, ich sage euch: Es gibt keinen Buddha und keine Lehre, keine Schulung und keine Erkenntnis. Wonach sucht ihr so erbittert? Wozu wollt ihr einen zweiten Kopf auf euren eigenen setzen, ihr blinden Schwachköpfe? Was fehlt euch denn?
>
> Derjenige, der mit dem Tao im Einklang ist, unterscheidet sich durch nichts von den Buddhas und Patriarchen. Aber ihr vertraut nicht auf euer Inneres, und so wendet ihr euch auf eurer Suche nach außen. Lasst euch nicht täuschen!

> Die höchste Wahrheit ist nichts, was man im Äußeren finden könnte. Statt euch an meine Worte zu klammern, solltet ihr euch lieber beruhigen und aufhören, im Außen zu suchen. Hängt nicht an der Vergangenheit und hängt auch nicht an der Zukunft! Das ist weitaus besser, als viele Jahre suchend herumzuirren.
>
> *Ihr müsst nur lernen, wie ihr es vermeidet, nach etwas zu suchen und euch an irgendetwas zu klammern.*

Das ist wahres Lernen im Geiste des Zen, dass ihr lernt, dass es nichts zu lernen und zu suchen gibt. Denn wo nichts gesucht wird, ist der ungeborene Geist gegenwärtig. Er ist auch stets gegenwärtig, während ihr ihn sucht. Aber gerade durch dieses euer Suchen und Grübeln verdunkelt ihr ihn mit den dunklen Wolken des unterscheidenden Nichtwissens. Deshalb sagt Zen-Meister Huang-long (12. Jh.):

> Ist dein Geist still, gibt es kein wiederkäuendes Grübeln. Wird der Weg nicht eigens geübt, so geht ihr Schritt für Schritt auf ihm. Wo kein Grübeln ist, da ist auch keine Welt, die transzendiert werden müsste. Wird der Weg nicht eigens geübt, so ist da kein Weg, der zu suchen wäre.

In dem Augenblick, in dem ihr aufhört zu suchen, wird die Wirklichkeit eures ursprünglichen Zustandes des Geistes aufstrahlen und mit seinem unermesslichen

Glanz das grenzenlose Universum erleuchten. Aber solange ihr sucht, solange ihr dem Irrtum unterliegt, es gäbe irgendetwas zu finden, und sei es auch nur so groß wie ein Staubkorn, fallt ihr schon in den Bereich der Dualität. Ihr fallt in den Bereich der Bejahung und Verneinung, in die Unterscheidung von richtig und falsch, und ihr verstrickt euch immer mehr im Kreislauf von Geburt und Tod.

Diese dualistische Geisteshaltung ist die eigentliche Ursache des Samsara. Sie bringt alles gewohnheitsgeprägte Denken hervor und erhält alle trügerischen Vorstellungen am Leben. Doch erst wenn der Geist vom Rankengewirr des unterscheidenden, begrifflichen Denkens gereinigt ist, wird sich das leuchtende Strahlen des unbefleckten Einen Geistes offenbaren. Deshalb sagt Zen-Meister Huang-po:

> Vollkommen ohne Begriffe sein,
> das ist die Weisheit des Nicht-Anhaftens.
> Wo keinerlei Anhaften besteht,
> ist der unzerstörbare Geist gegenwärtig.

Die entgegengesetzte Entsprechung von Anhaften ist Loslassen. Also liegt es nahe, dass du sagst: »Gut, dann werde ich mich bemühen loszulassen.«

Solch ein Loslassen ist aber nicht das Loslassen des Zen. Es entspricht nicht der Geisteshaltung des Wu-wei, des Nicht-Tuns, und des Wu-nien, des Nicht-Denkens. Es ist vielmehr nur ein Loslassen-Wollen, eine Aktivität des Ego. Dieses Wollen verursacht aber innere Spannung, denn Spannung ist immer gehemmtes Wollen.

Anhaften kann somit nicht durch seine entgegengesetzte Entsprechung, durch das Loslassen, »das man tut«, gelöst werden. Alle Gegensatzpaare, Sein und Nichtsein, Leben und Tod, Kommen und Gehen, richtig und falsch, gehören zum dualistischen Bereich des Nichtwissens.

Um diesen Unterschied klar herauszustellen, möchte ich euch von der Begegnung eines Mönchs mit Zen-Meister Joshu (9. Jh.) erzählen.

> Ein Mönch kam zu Zen-Meister Joshu und sagte: »Schau, ich habe alles losgelassen. Nichts ist mehr in meinem Bewusstsein zurückgeblieben. Was sagst du dazu?«
> Hierauf gab Joshu die unerwartete Antwort: »Dann wirf es fort!«
> Der Mönch war sehr erstaunt und glaubte, der alte Joshu habe ihn wegen seines hohen Alters nicht richtig verstanden, und so betonte er noch einmal: »Aber Meister, ich hab dir doch gesagt, dass ich alles losgelassen habe. Was soll ich da noch fortwerfen?«
> Da sagte Joshu: »Nun, wenn dem so ist, dann musst du es halt weitertragen!«

Diese Antwort des alten Meisters hat die Schärfe eines Samurai-Schwertes. Doch der Mönch hatte sich zu stark an seiner Vorstellung des Losgelassen-Habens festgeklammert. Deshalb konnte ihn Joshus Schwerthieb leider nicht zum Leben erwecken. Das Loslassen, das ihr »macht«, wird zum Pseudo-Loslassen, das euch festhält.

Ihr seid Gefangene eures »gemachten« Loslassens. Denn ihr steckt fest in eurer Vorstellung des Losgelassen-Habens. Doch nur da, »wo keinerlei Anhaften besteht, ist der unzerstörbare Geist gegenwärtig«. Dort strahlt das klare Licht der Wirklichkeit auf.

Es existieren unendlich viele Lehren und Methoden, in Form von Philosophien und religiösen Disziplinen – wie Niederwerfungen, Kundalini-Meditation, Sutra-Rezitation und was es da sonst noch so alles gibt.

Der esoterische Rummelmarkt bietet viele Methoden an, die dem geistig Suchenden herrliche Visionen, mystische Ekstasen und Wunder bewirkende Kräfte versprechen. Doch dies gehört alles zur Welt der Träume und Schäume. Es sind Zeichen und Wunder, die nur die Dummen blenden. Deshalb sage ich auch immer wieder: »Esoterik ist nur etwas für Dummköpfe.«

All diese künstlichen Methoden und Lehren, die den Täuschungen entgegenwirken sollen, sind nichts weiter als ein Gaukelspiel – Luftblasen im leeren Raum. Es gibt nichts zu erreichen, und es gibt auch keine heilige Wahrheit zu verwirklichen. Denn schon die leiseste Vorstellung, dass irgendetwas erlangt werden kann, ist auch schon wieder Täuschung.

Es kommen immer wieder Leute hierher und fragen mich: »Was ist deine Lehre?« – Ich verkünde hier keine bestimmte Lehre! Es gibt hier wie im wahren ursprünglichen, chinesischen Zen keine Lehre.

Viele Gäste, die zu unseren öffentlichen Zen-Sesshins kommen, wollen nur Dinge hören, die schön tröstlich und vor allem bequem sind. Die Wahrheit selbst kümmert sie nicht. Sie wollen nur Trost erhalten und zufrieden nach Hause gehen. Sie kommen in der Hoffnung, eine bestimmte Lehre zu erhalten. Etwas, woran sie sich festhalten können.

Man darf jedoch eins nicht vergessen: Ich bin kein Religionslehrer, ich bin kein Theologe und kein Philosoph, sondern ein Zen-Meister. Und ein Zen-Meister gibt niemandem etwas – weil es nichts zu geben gibt. Ich heile nur Gebrechen und löse Fesseln. Alles, was man euch geben könnte, wären nur tote Ideen und leere Worthülsen, und somit vollkommen nutzlos.

Das, was wirklich einen Wert hat, ist das, was ihr schon habt, weil es als euer allereigenstes Sein schon in euch ist. Nur ein wirklich erleuchteter Meister kann euer inneres Auge öffnen, so dass sich euer Blick nach innen wendet und ihr euer wahres Selbst erkennt. Und so bemühe ich mich mit allen Mitteln, euch dazu zu bewegen, eure Blickrichtung nach innen zu lenken, so dass ihr erkennt, was schon immer in euch ist.

Ich vermittle hier keine geborgten Glaubenssätze. Ich vermittle keinen »verstaubten Dharma« in Form von vorgeprägten, fest umrissenen Lehren. Ganz im Gegenteil. Ich fordere euch auf: Lasst alle eure toten Glaubenssätze fallen! Sie sind alle nur Mist!

Ich sage dir nicht: »Glaube dies und das und jenes.« Ich sage dir: Vertraue! Vertraue auf die alles erfüllende und tragende Wirklichkeit des Einen Geistes, neben dem nichts anderes existiert! Er ist dein wahres Sein, ungeboren und unzerstörbar. Suche ihn nicht, benenne ihn nicht und begrenze ihn nicht!

Sei weit und offen wie der Himmel – und der Eine Geist offenbart sich als dein ursprüngliches wahres Sein.

Stelle alle religiösen und philosophischen Glaubenssätze in Frage! Sie sind nichts weiter als Auslegungen des neurotischen Verstandes. Du brauchst an kein religiöses Dogma zu glauben.

Befreie dich von deiner konditionierten Vorstellung, irgendetwas glauben zu müssen! Wenn du alles anzweifelst, was es auch sei – bis zur letzten Konsequenz –, dann wird sich dir früher oder später die Wahrheit offenbaren so wie sie ist. Es ist die Wahrheit, die jenseits all dessen liegt, was Sinne und Verstand zu fassen vermögen.

Wenn ich vom Zweifel spreche, dann meine ich jedoch nicht diesen »Verstandes-Zweifel« jener intellektuellen Pseudo-Zenisten, die alles anzweifeln außer ihrem Ego. Vielmehr meine ich jene besondere Art von Zweifel, der zum Schluss sich selbst anzweifelt, so dass er letztlich zu einem Zweifel ohne Inhalt wird. Hierbei handelt es sich um eine reine Empfindung des Zweifels, die man im Zen den »Großen Zweifel« nennt.

Der große Zweifel ist ein der Erleuchtungserfahrung stets vorausgehender unausweichlicher Bewusstseinszustand. Er ist eine Art geistiger Sperre, bei der der Strom des Denkens ins Stocken gerät und nicht weiterfließen kann. Der unendliche Abgrund des göttlichen Nichts tut sich vor dir auf und du stehst an der Schwelle des mystischen Todes. In dieser Situation des großen Zweifels ruft dir Zen zu:

> Am Rande des Abgrunds, lass alles los und stirb ganz und gar. Dann kehre zurück ins Leben – danach kann nichts mehr dich täuschen.

Solange du jedoch noch auf äußere Lehren und geborgte Glaubenssätze vertraust, bist du von dem Abgrund des göttlichen Nichts noch weit entfernt. Du bist gebunden durch die Wahnvorstellungen des unterscheidenden, begrifflichen Denkens und hast dich selbst begrenzt. Jede Lehre ist eine Gefahr für den freien Geist.

Alle Lehren sind gefährlich, weil sie zu Dogmen werden und den Geist fesseln. Hinzu kommt, dass ihr in der Beschäftigung mit allen möglichen Lehren und künstlichen Methoden nur eure kostbare Zeit verschwendet und eure geistige Energie vergeudet.

Es gibt nichts zu lernen, es gibt nichts zu erlangen. Wer glaubt, es gäbe irgendetwas zu suchen, ist wie ein Blinder, der in einem dunklen Raum eine schwarze Katze sucht, die nicht vorhanden ist. Die alten chinesischen Meister verwiesen stets mit äußerstem Nachdruck darauf, dass es auf dem Zen-Weg nichts zu lernen und nichts zu erlangen gibt. So sagt auch Zen-Meister Huang-po:

> Die vielen Methoden, die den vielen Formen der Täuschung entgegenwirken sollen, sind nur Redewendungen, die die Menschen zum Tor der Befreiung hinziehen sollen. In Wirklichkeit hat keine von ihnen wahren Bestand.
> Alles aufzugeben, ist die höchste Wahrheit. Wer dies begreift, ist ein Buddha. Das Aufgeben aller Täuschungen aber lässt keine Lehre zurück, auf die man sich stützen kann.

Wenn du dir plötzlich der Tatsache bewusst wirst, dass dein eigener Geist die göttliche Wirklichkeit ist, die du suchst, und dass es nichts zu erreichen und dass es auch keine Handlungen zu vollbringen gibt – das ist die höchste Erkenntnis!

Dies heißt, die Buddha-Natur zu verwirklichen, selbst zum Buddha zu werden, der du eigentlich im Grunde deines Seins schon bist. Aber alle diese unendlich vielen Methoden, die die Menschen zum Tor zur Befreiung bringen sollen, gehören selbst dem Bereich der Täuschung an.

Das »torlose Tor« zur Befreiung hat kein Tor, denn es ist stets gegenwärtig. »Hier und Jetzt« offenbart es sich in seiner ganzen Herrlichkeit. Voraussetzung, es zu erfahren, ist einzig und allein, dass du jetzt in diesem Augenblick alles loslässt, was es auch sei, und so zu einem Vergessen deiner selbst und aller Dinge gelangst. In diesem Hineinsterben in den Abgrund des göttlichen Nichts wirst du dich erheben über die dunklen Nebel der Erscheinungen, in das klare Licht der Wirklichkeit.

In dieser grenzenlosen Befreiung bleibt nichts mehr zu tun. Es gibt keine besondere religiöse Praxis mehr zu vollziehen, es gibt keinen Dharma, kein geistiges Gesetz zu verwirklichen. Es gibt nichts mehr, auf das man sich stützen könnte allein schon aus dem Grund, weil du dich dann auf nichts mehr zu stützen brauchst – du brauchst keine Krücken mehr.

»Nimm dein Bett und wandle!«, sagt Jesus zu dem Gelähmten. Der Gelähmte ist derjenige, der seine Wirklichkeit verloren hat, der nicht mehr weiß, wer er ist, und in dieser Erdgebundenheit, durch seine Identifikation mit dem Raum-Zeitlichen, sich nicht mehr von der Anziehungskraft des Irdischen lösen kann. Er liegt auf der Erde und kann sich nicht mehr erheben. Und da sagt Jesus: »Steh auf, nimm dein Bett und wandle!«

Dies ist das Aufgeben aller Täuschungen, das ist die totale Befreiung. Auf diese Weise erhebt ihr euch über alle eure Konditionierungen – die Folgeerscheinungen eurer Identifikation mit dem Erinnerungsgeflecht einer toten Vergangenheit.

Wenn du den Mut hast, alles loszulassen, und alles so sein lässt, wie es ist, in dem Augenblick wird die Wirklichkeit dessen, was du wirklich bist, aufstrahlen. Du warst gelähmt, und du kannst wieder gehen. Du warst blind, und dir sind die Augen geöffnet. Du wirst das ganze Universum überschreiten und frei sein von Geburt und Tod.

4

Wenn die Seifenblase platzt

Alle Buddhas und alle lebenden Wesen sind nichts anderes als der Eine Geist, neben dem nichts anderes existiert.

ZEN-MEISTER HUANG-PO (9. JH.)

Das ist ein Auspruch des chinesischen Zen-Meisters Huang-po, der alles herkömmliche, verstandesmäßige Denken sprengt. Es ist eine Aussage, die euch mit einem Ruck den Boden unter den Füßen wegzieht. Alles Gewohnte, alles Vertraute wird mit dieser Kernaussage des Zen radikal in Frage gestellt.

Wir haben uns schon des Öfteren das Bild von den Seifenblasen im leeren Raum vor Augen geführt. Das ist ein sehr gutes Hilfsmittel, das die Sache vielleicht ein bisschen klarer werden lässt.

Der unendliche Himmelsraum ist der eine Raum, nur eine einzige Wirklichkeit; und in diesem Raum stellen wir uns eine große Anzahl von Seifenblasen vor, die in ihm herumschweben. Das, was wir als äußere Form wahrnehmen, diese Seifenblasen mit ihrem farbigen Schillern, denken wir uns als die Lebewesen.

Ob sich in der unendlichen Weite des Himmels nun hundert, tausend oder millionen Seifenblasen befinden, so können wir doch nicht von einer wirklich vorhandenen Vielheit von einzelnen Räumen innerhalb der Seifenblasen sprechen. Jede räumliche Unterscheidung und Trennung ist nur eine scheinbare. In Wirklichkeit gibt es nur die eine unendliche Weite des Weltalls. Aber in ihrem durch die Verdunkelung des Geistes bedingten Zustand des Nichtwissens glaubt sich jede Seifenblase im Besitz eines eigenen Innenraums und erlebt sich so als ein von allen anderen Seifenblasen getrenntes Einzelindividuum.

Der unendliche Himmelsraum, der die Seifenblase umgibt, und der Raum innerhalb der Seifenblase unterscheiden sich jedoch durch nichts. Nur wird der Himmelsraum, das heißt die unendliche Weite des Einen Geistes, durch die willkürliche Begrenzung des Verstandes geteilt in innen und außen, in Einheit und Vielheit. Aber diese Vielheit ist nichts weiter als eine Täuschung, denn all das, was wir mit unseren Sinnen wahrnehmen, was sich uns hier so stabil als Form zeigt, hat keine Wirklichkeit aus sich selbst.

Wir können die Seifenblasen auch als die fünf Skandhas verstehen. Diese den Persönlichkeitswahn bildenden einzelnen Daseinsfaktoren werden nach der buddhistischen Lehre in fünf Gruppen eingeteilt. Sie werden in der Reihenfolge abnehmender Dichtigkeit aufgezählt als: Körperlichkeit, Empfindungen, Wahrnehmungen, Geistesregungen und Bewusstsein.

Das alles beziehen wir auf die Seifenblase in ihrer runden Form, auf ihre Farben, auf ihre Oberflächenspannung usw. Dies alles ergibt eine scheinbare Gesamtheit und verdichtet sich zur Illusion von Form, Raum und Zeit, so dass ihr meint, das wäre eure Persönlichkeit mitsamt der Welt, die ihr erlebt. So schwebt ihr verloren hin und her wie Seifenblasen im leeren

Raum und seid davon überzeugt, das sei euer wirkliches Sein. Aber diese Persönlichkeit hat kein wirkliches Sein, sondern ist nur Ereignis. Sie ist nichts weiter als ein bloßer Prozess geistiger und physischer Phänomene.

Ihr könnt so viel analysieren, wie ihr wollt. Ihr könnt noch so viel die Seifenblasenstruktur, die Oberflächenspannung und die verschiedenen Farbübergänge analysieren. Ihr könnt hunderte von Therapien machen, ihr könnt Philosophie studieren und euch mit allem möglichen esoterischen Schwachsinn beschäftigen – gut, das könnt ihr alles tun, aber es geschieht letztlich nichts an der Substanz der Seifenblase – gar nichts!

Und deshalb: ... (Zensho stößt mit dem Stock auf den Boden auf!!!) Stirb, und sei ganz tot! Dann tu, was immer du willst, und alles ist gut.

Die Seifenblase platzt, wenn du – im Durchschauen der trügerischen Natur aller Erscheinungen – im großen Vertrauen auf das Göttliche den Mut hast, alles sein zu lassen, wie es ist, und dich im mystischen Tod dem Abgrund des göttlichen Nichts überantwortest.

In diesem Augenblick wird die Seifenblase platzen, und es existiert nichts anderes mehr als die eine grenzenlose Weite des Alls – die Wirklichkeit des Einen Geistes. Du wirst dich in deinem wahren ungeborenen und unsterblichen Wesen erfahren, und mit dem ewigen Glanz des göttlichen Lichtes, das du selbst bist, das ganze Universum durchstrahlen und erfüllen.

Habt ihr erst einmal erkannt, dass die den Persönlichkeitswahn bildenden Daseinsfaktoren nicht euer wahres Selbst sind, braucht ihr den Tod dieser auch nicht zu fürchten – ganz im Gegenteil! Würde doch der Untergang der Daseinsfaktoren für den von aller Identifikation Befreiten den Aufgang des inneren Lichtes bedeuten. Hierzu sagt Zen-Meister Huang-po:

> Könnte der gewöhnliche Mensch, wenn er im Sterben liegt, nur die fünf Daseinsfaktoren als leer erkennen und ganz erfassen, dass sie nicht ein »Ich« bilden, und dass der wahre Geist ohne Form ist und weder kommt noch geht.
> Könnte er erkennen, dass sein Wesen weder mit der Geburt beginnt noch mit dem Tod vergeht, sondern ganzheitlich und unbeweglich in seinen Tiefen ist, und dass der Geist eins ist mit den Erscheinungen der Umwelt – dann würde er blitzartig Erleuchtung erlangen.

Dieser Eine Geist, unser wahres Sein, ist ungeboren und unzerstörbar. Denn genauso wie der weite Weltraum unzerstörbar ist, ist auch – um auf unser Bild von der Seifenblase zurückzukommen – das Innere der Seifenblase unzerstörbar.

In dem Augenblick, wenn die Seifenblase stirbt – wenn sie platzt –, löst sich nur die äußere Hülle auf. Es stirbt nur der Prozess eines Zusammenwirkens von verschiedenen Faktoren, die die Wahrnehmung einer schimmernden Seifenblase ergeben haben. Doch diese hatte ja sowieso kein Sein aus sich selbst.

Alles, was in Abhängigkeit von etwas anderem entsteht, wie die Lehre des Buddha sagt, unterliegt dem Gesetz des Werdens und Vergehens und somit der Vergänglichkeit. Doch das, was innen ist, das ist die unzerstörbare Mitte.

Es ist das, was sein Sein aus sich selbst hat. Diese absolute Mitte ist aber auch zugleich das allumfassende Ganze, das alles in sich beschlossen hält.

Das ist euer wahres Sein, es hat keinen Anfang und kein Ende. Deshalb antwortet Christus auf die Frage der Schriftgelehrten und Pharisäer, woher er käme und wer er sei: »Ich bin das A und das O« – das heißt: ich umfasse den Anfang und das Ende, ich bin die Ewigkeit!

Alles, was einen Anfang hat, wird irgendwann auch ein Ende haben. Doch was keinen Anfang hat – das Anfanglose – wird demzufolge auch kein Ende haben, denn dieser Geist, der ohne Anfang ist, ist ungeboren und unzerstörbar. Er ist nicht dies und er ist nicht das, denn der Geist gehört nicht zu jener Kategorie von Dingen, die existieren oder nicht existieren. Er ist jenseits von jeder Benennung in Form von »Sein oder Nichtsein«.

Die westliche Philosophie sagt: »Sein oder Nichtsein, das ist hier die Frage!« Doch die Sichtweise des Zen ist vollkommen entgegengesetzt. So sagt der chinesische Zen-Meister Yüan-wu (12. Jh.) im Bi-yän-lu, der Niederschrift von der Smaragdenen Felswand:

> Wer über Sein oder Nichtsein nachdenkt, verliert Leib und Leben!

Wenn wir sagen, der Eine Geist ist weder dies noch das, dann heißt das, dass er jenseits aller Gegensätzlichkeit ist. Sowie eine Benennung da ist, nur ein einziger Begriff, wenn nur ein einziger Gedanke sich erhebt, dann erhebt sich auch ein zweiter. In dem Augenblick, wenn eine

Sache fixiert wird, erhebt sich schon die entgegengesetzte Entsprechung von selbst. Deshalb sagt ja auch Lao-tse, der Urvater des Taoismus:

> Wenn jeder weiß, das Schöne ist schön,
> schon ist das Hässliche da!
> Wenn jeder weiß, das Gute ist gut,
> schon ist das Böse da!

Gut und Böse, Ja und Nein, richtig und falsch, das sind alles Erscheinungsweisen des unterscheidenden, begrifflichen Denkens. Dieses unterscheidende Bewusstsein bildet die Grundlage jeder Erfahrung. Daraus entsteht der ganze Traum einer vielheitlichen, gegensätzlichen Erscheinungswelt. Und ihr selbst, als die Träumer, seid in eurem eigenen Gaukelspiel eines Kreislaufs von Geburt und Tod innerhalb der Illusion von Raum und Zeit gefangen.

Es ist so, als ob du einen unendlich langen Faden vor dir hättest und anfangen würdest, mit diesem Faden zu spielen. Du ziehst mal da und ziehst mal dort und wickelst ihn dir ein bisschen um die Finger, um die Hand und um den Fuß. Du drehst dich und wälzt dich mit dem Faden vor Freude auf dem Boden, und ehe du dich versiehst, bist du auf einmal so darin eingewickelt und gefangen, dass du nicht mehr herauskommst.

Auf diese Weise habt ihr ein Netz, einen Maya-Schleier geschaffen und habt euch selbst darin verstrickt. Doch je mehr ihr versucht, euch mittels des begrifflichen Denkens aus diesem selbstgezimmerten Gefängnis, dem Rankengewirr des unterscheidenden, begrifflichen

Denkens zu befreien, umso mehr verstrickt ihr euch darin und seid verwirrt.

Hinter diesem ganzen Gaukelspiel eines projizierenden Bewusstseins befindet sich dein wahres Selbst – der Eine Geist. Er ist wie eine Kinoleinwand, auf deren Oberfläche alle Projektionen, alle Bilder, alle Formen, alle Bewegungen stattfinden. Jedoch der Geist selbst bleibt von allem, was auch geschieht, unberührt. Er hat mit der Sache überhaupt nichts zu tun.

Ihr seid gewohnt, eure Gedanken – all das, was ihr projiziert in Begriffen und Vorstellungen – als getrennt zu sehen von dem Denker. Doch das ist ein großer Irrtum, eine vollkommen falsche Betrachtungsweise! Denn der Denker ist nichts anderes als die Folgeerscheinung des Zusammenwirkens der fünf den Persönlichkeitswahn bildenden Daseinsfaktoren, der Skandhas.

Der Denker ist nichts anderes als die Summe der Gedanken, mit anderen Worten: Er ist das Denken selbst. Es gibt keinen Denker getrennt vom Denken, auch wenn ihr euch noch so sehr als statisch kontinuierliche Einheit empfindet. Es existiert tatsächlich nur eine schnelle und komplexe Abfolge von Gedanken.

Diese Summe schnell aufeinanderfolgender Gedanken erwecken in euch den trügerischen Eindruck eines persönlichen Bewusstseins, das sich in der Raum-Zeit-Illusion bewegt. Da sich dieses raum-zeitliche Bewusstsein irrtümlich als etwas versteht, was hinter den Gedanken, hinter den Wahrnehmungen liegt, hält es sich für den Mittelpunkt dieses ganzen Geschehens. Und genau das ist der ständige Prozess der Entstehung und Aufrechterhaltung des Ego-Wahns.

Es wird heute viel darüber geredet, dass man sein Ego, das Ich, töten müsse. Doch das ist eine vollkommen falsche Denkweise, die auf einem totalen Unverständnis beruht. Die Wahrheit ist, dass gar kein Ego getötet werden kann, da in Wirklichkeit kein objektives, gebundenes Ich existiert.

Eure Vorstellung von einem persönlichen Selbst ist eure einzige Bindung. Befreiung kann demzufolge nur in der Befreiung von der Wahnvorstellung eines für sich bestehenden Selbst bestehen. Jede Anstrengung von Seiten eines vermeintlichen Ego, sich selbst töten zu wollen, würde jedoch in jedem Fall nur das Gegenteil bewirken. Sie würde nur zu einer stärkeren Anhaftung und Vergrößerung der inneren Widerstände führen.

Jetzt kommen wir wieder auf Zen-Meister Huang-po zurück. Er sagt an einer anderen Stelle:

> Du siehst den Einen Geist stets vor dir, doch sobald du über ihn nachdenkst, verfällst du dem Irrtum.

Wieso sehen wir den Einen Geist stets vor uns? Dies ist so, weil alles, was ihr seht, der Eine Geist ist in der Erscheinungsweise dessen, als was ihr ihn wahrnehmt. Alle Bereiche der Existenz und alle Seinszustände sind nichts anderes als Manifestationen des Geistes.

Dieser Gong hier, der Altar mit dem Buddha, diese Lampe, alles, was ihr seht, ist aus der gleichen Wirklichkeit des Einen Geistes geschaffen. Er ist stets da! Du siehst ihn stets vor dir in den vielen Erscheinungsweisen, in allen möglichen Formen. Der Geist steht nicht im

Gegensatz zur Materie, es ist vielmehr so, dass er sie bildet. Er ist ihr Stoff, und somit ist er die alleinige Grundlage alles Materiellen, das heißt aller Formen.

Aber diese Formen haben keine Wirklichkeit in sich, deshalb spricht der Buddhismus von Shunyata, »Leere« oder auch »Leerheit«. Alles ist leer. »Form ist Leere, und Leere ist Form«, sagt das Mahaprajnaparamita-Hridaya-Sutra, das Herzens-Sutra von der Vollkommenheit der Erkenntnis. Es ist das wesentliche Sutra, das in den Zen-Klöstern täglich rezitiert wird.

Form ist nichts anderes als Leere, und Leere zeigt sich als Form. Alles ist das Eine ohne Zweites. Nur durch deine unterscheidende Wahrnehmung teilst du alles in einen Wahrnehmenden als Subjekt, in einen Wahrnehmungsprozess und in das Wahrgenommene als Objekt. Und das sind drei. Doch diese drei sind in Wirklichkeit nur eins.

Jede Vielheit ist Illusion! Es gibt nur ein einziges Sein, den Einen Geist, neben dem nichts anderes existiert. Er ist die einzige Realität im tiefsten Grunde aller Lebewesen und Dinge. In Wahrheit existieren weder voneinander getrennte Lebewesen noch Gegenstände. Demzufolge ist die körperliche Existenz, das heißt die gesamte äußere Erscheinungswelt, nichts anderes als eine Illusion und Folgeerscheinung des wahrnehmenden Bewusstseins. Deshalb sagt Huang-po: »Alles ist der Eine Geist, neben dem nichts anderes existiert.«

Was du dir durch begriffliches, unterscheidendes Denken und durch verstandesmäßige Analyse auch erdenkst oder philosophisch erarbeitest, all das ist nichts weiter als Spekulation und hat mit der Sache nichts zu tun.

Auf diese Weise gerätst du immer mehr in geistige Verwirrung und entfernst dich immer weiter von dem klaren Licht des Geistes, das als der unbeteiligte Beobachter hinter allen Erfahrungen leuchtet. Diese Wirklichkeit jenseits des Denkens, das ist dein wahres Sein.

Werde wach! Höre auf zu träumen – und der ursprüngliche Zustand deines wahren Seins erstrahlt im Licht der Erleuchtung hunderttausendmal heller als die Sonne.

In diesem grenzenlosen Licht offenbart sich der Eine Geist als die allein seiende Wirklichkeit, neben der nichts anderes existiert.

5

Im Augenblick des Todes

Könnte der gewöhnliche Mensch, wenn er im Sterben liegt, nur die fünf Daseinsfaktoren als leer erkennen, dann würde er blitzartig Erleuchtung erlangen.

ZEN-MEISTER HUANG-PO (9. JH.)

Dies ist ein wunderbarer Ausspruch des chinesischen Zen-Meisters Huang-po. Es ist eine der besten Formulierungen der Zen-Lehre überhaupt, denn sie umfasst mit wenigen Worten das, worauf es in der Praxis des Zen ankommt.

Im Zen ist es erforderlich, dass du falsches Verstehen und falsche Anschauungen ablegst, so dass du die trügerische Natur aller Erscheinungen durchschaust. Doch in deinem Nichterkennen der Leerheit aller Erscheinungen identifizierst du dich mit deinen alten Denkmodellen und meinst dann, »das ist die Welt und das ist meine Persönlichkeit«. Deshalb seid ihr ja alle, die ihr hier zu mir kommt, auch sehr gewichtige Persönlichkeiten – wichtige Inkarnationen. Jeder ist etwas ganz Besonderes.

All das, womit ihr euch identifiziert, eure ganzen Erinnerungen, beginnend von den ersten Tagen eurer Kindheit an, diese ganze Summe von Erfahrungen bildet eure vermeintliche Individualität. Diese gewohnte identifizierte Betrachtungsweise bildet dann in der Verhärtung zum Ego-Panzer die Illusion einer selbständig für sich bestehenden Persönlichkeit. Diese erlebt sich als getrennt von allem, was sie wahrnimmt und erfährt.

»Ich bin ich und du bist du«, dies ist die unterscheidende, dualistische Betrachtungsweise des samsarischen, erdgebundenen Durchschnittsmenschen. »Ich bin du und du bist ich, wer mich sieht, sieht uns, in unserem Selbst umfangen wir das All«, das ist die multidimensionale Sichtweise des Erleuchteten. Das ist die kosmische Dimension der allumfassenden Ganzheit, denn alles vermeintlich Vielheitliche ist ein organisches, in sich geschlossenes, allumfassendes Ganzes, das alles in sich beschlossen hält.

»Form ist Leere, und Leere ist Form«, heißt es im Mahaprajnaparamita-Hridaya-Sutra, dem Herzens-Sutra von der Vollkommenheit der Erkenntnis. Leer – das heißt ohne Eigensubstanz, ohne Sein aus sich selbst. Es ist nur Erscheinung – nur Form, ohne jede Wirklichkeit.

Die ganze äußere Erscheinungswelt hat nur ein relatives Sein wie zum Beispiel eine Fata Morgana, von der du ja auch nicht sagen kannst, dass sie nicht existiert, dass sie nicht da ist. Man kann die Fata Morgana wirklich sehen, diese wunderbare Oase mit der erfrischenden Quelle und den herrlichen Pflanzen. Man sieht sie, aber sie ist nichts weiter als Erscheinung und hat somit nur eine relative Wirklichkeit. Ebenso hat die ganze Welt nur eine relative Wirklichkeit. Alle Objekte, alle Phänomene sind nur Schein.

Die äußere Erscheinungswelt erscheint als etwas, was sie nicht ist, denn sie ist nichts weiter als ein großes Trugbild – eine Wahnvorstellung des projizierenden Geistes.

Alles, was Inhalt unserer Wahrnehmung werden kann, ist lediglich eine Erscheinung im Bewusstsein, ohne wirkliches Sein. Doch das reine Sein an sich ist das Sein ohne Bedingung, ohne Abhängigkeit von etwas Vorausgegangenem, und somit hat es das Sein aus sich selbst. Als die Wirklichkeit des Einen Geistes ist es das Absolute, es ist das So-Sein aller Dinge – Tathata. Es ist formlos und ungeschaffen, weil es sein Sein aus sich selbst hat.

Könnte der gewöhnliche Mensch, wenn er im Sterben liegt ...

Der Augenblick des Todes ist ein ganz entscheidender Moment. Es ist dieser Augenblick, in dem unsere gewohnte und vertraute Wahrnehmung, das Gefühl der Stabilität einer äußeren Erscheinungswelt, sich aufzulösen beginnt. Alles löst sich auf. Nichts können wir mehr festhalten. Die ganze Vergangenheit, unser ganzes Leben, ist nichts weiter als eine Erinnerung.

Alles schmilzt zusammen auf einen Punkt. Und diese Dimension verstärkt sich noch, da keine Weiterbewegung mehr stattfindet. Es ist ein Einschnitt, ein radikales Aus! Der Lebensfaden wird durchtrennt. Die Perlen der Identifikation auf der Perlenkette des Lebens purzeln zu Boden, rollen weg und lösen sich auf.

Die erleuchteten Meister aller Religionen weisen immer wieder darauf hin, dass der Augenblick des Todes ein ganz entscheidender Moment ist. Denn, wie Buddha sagt: »In was du begehrst, wirst du verwandelt werden.« Ihr werdet da hingezogen, wo euer Herz verweilt.

Welcher Art die Identifikationen auch sind, sie bilden die Färbung der Samskaras, der karmischen Triebkräfte, die euer ganzes irdisches Leben bestimmen. Darüber hinaus wirken sie auch durch den Bardo hindurch, den Zwischenzustand zwischen Tod und Wiedergeburt, und bestimmen so die Form der Wiedergeburt in eurem nächsten Leben.

Doch wenn du im Moment des Todes die Leerheit dieses ganzen Truges, dieses ganzen Gaukelspiels erkennst, dann kannst du hellklar alles durchdringen und es lösen sich alle Identifikationen und Anhaftungen von selber auf.

In diesem Augenblick, in dem du die »Leerheit« alles Seienden, das heißt alles vermeintlich Seienden, erkennst, in diesem Augenblick geschieht die Loslösung ganz von selbst. Du erkennst die trügerische Natur alles Seienden und erhebst dich über die dunklen Nebel der Erscheinungen in das klare Licht der Wirklichkeit.

Könnte der gewöhnliche Mensch, wenn er im Sterben liegt, nur die fünf Daseinsfaktoren als leer erkennen ...

Das ist es, worauf es ankommt. Darum frage ich euch: Dieser Augenblick des Sterbens – warum so lange darauf warten? Warum nicht »jetzt« den mystischen Tod sterben? Jetzt in diesem Augenblick!

Der christliche Mystiker Angelus Silesius (17. Jh.) sagt: »Stirb, noch ehe du stirbst, damit du nicht verdirbst, wenn du stirbst.«

Und Zen-Meister Ta-hui (12. Jh.) sagt:

> Stirb, noch während du lebst und sei ganz tot, und dann tu was immer du willst, und alles ist gut!

Wenn du jetzt, solange du noch bei klarem Bewusstsein bist und frei entscheiden kannst, loslässt, den Trug durchschaust und dich auf das Hier und Jetzt wirklich einlässt, dann lösen sich Raum und Zeit und somit alles auf. Und die absolute Realität hinter dem ganzen Trugbild, die leere Leinwand des Selbst-Geistes, der ursprüngliche Zustand deines Geistes, strahlt mit unverminderter Klarheit auf.

Alles fällt mit einem Mal von dir ab, du bist vollkommen frei und erlebst die Welt, als wäre es das erste Mal. So sagt auch Zen-Meister Huang-po:

> Wenn alles Innere wie Äußere, Körperliche wie Geistige aufgegeben wird, wenn, wie in der Leere, keine Bindungen zurückbleiben, wenn jede Handlung allein von Ort und Umständen diktiert wird, wenn Subjekt und Objekt vergessen sind – das ist die höchste Form des Loslassens.

Wenn du wirklich dem Kreislauf von Geburt und Tod ein Ende setzen willst, dann gibt es keinen anderen Weg, als alles loszulassen und dich von allem zu befreien. Du musst alles wegwerfen, was du jemals in deinem Geist hochgehalten und für wichtig erachtet hast. Denn: »Nichts ist wichtig angesichts der Gegenwart des Todes!« Jedoch das kleinste Zögern kann bewirken, dass Leib und Leben verloren sind. So sagt auch der chinesische Zen-Meister Yün-men (10. Jh.):

> Die Zeit harret nicht des Menschen: Eines Tages wird sich euer sterbender Blick auf die Erde richten und dann, was tut ihr dann? Fuchtelt dann nicht verzweifelt mit Armen und Beinen herum wie eine ins heiße Wasser geworfene Krabbe! Das wird ganz bestimmt nicht der Ort sein für große Worte von euch Schaumschlägern!

»Wahre Worte sind nicht schön, und schöne Worte sind nicht wahr«, sagt der taoistische Weise Lao-tse. Je tiefer die Aussage ist und je direkter sie den Kern der Sache trifft, umso weniger sind es, vom allgemeinen Verständnis aus gesehen, erbauliche Worte. Denn sie reißen euch immer das Fundament eurer Ego-Panzerung unter den Füßen weg. Das, was euch vermeintliche Sicherheit in dieser raum-zeitlichen Dimension eines Samsara-Wahns gibt, all das löst sich auf.

Es ist so, als befändest du dich auf einer Eisscholle, auf einem warmen Gewässer treibend. Das Eis löst sich auf. Du kannst dich nicht mehr daran festhalten. Gut, du kannst es versuchen, aber sie wird sich auflösen und zu dem zurückkehren, wovon sie ausging.

Es gibt nur zwei Möglichkeiten: Entweder du verweilst in diesem Irrwahn der Anklammerung, um mit der Auflösung dieses Pseudo-Fundamentes einer scheinbar stabilen Außenwelt unterzugehen. Oder du befindest dich im Einklang mit dem Tao und lässt los. Wenn du im Einklang mit dem Tao bist, dann fließt du mit, du stellst dich nicht dagegen. Auch wenn sich alles auflöst, verursacht das weder Angst noch Schrecken, denn es ist die harmonische Heimkehr in den ursprünglichen Zustand deines Seins. Wenn du erkennst, dass die den Persönlichkeitswahn bildenden Daseinsfaktoren sowieso kein Sein haben und dass alles nichts weiter als eine Illusion ist, dann gelangst du zur inneren Bereitschaft der Loslösung von allem.

Alles ist der Eine Geist. Nichts, was nicht der Eine Geist wäre. Bloß in deiner gewohnten Verhaltensweise, den Dingen und Situationen zu begegnen, in Form von Annehmen und Verwerfen, als eingefahrene Verhaltensmuster, überdeckst du die Wirklichkeit mit der Wahnidee deiner Projektionen.

Es ist so, als würdest du abends im Mondlicht eine Schlange auf dem Weg liegen sehen. Entsetzt weichst du zurück und rennst davon. Morgens kehrst du zurück und erkennst – es war nur ein altes Seil.

Euer konditioniertes Bewusstsein erzeugt die Wahnvorstellung einer Schlange, und schon steigt in euch die Angst hoch. In eurer Vorstellung könnt ihr alles erschaffen.

Es ist wie bei einem Töpfer. Der Töpfer hat seinen Ton, aus dem er alle möglichen Dinge formt. Wenn ihr in die Auslage schaut, dann seht ihr viele verschieden geformte Gefäße: Krüge, Schalen, Becher, alle möglichen Dinge, eine unheimliche Vielfalt von Formen. Aber all diese verschiedenen Dinge sind nichts anderes als Ton, immer der gleiche Ton.

Die Samskaras, eure karmischen Triebkräfte, formen die Dinge, doch die Substanz, der Ton, das ist der Eine Geist, neben dem nichts anderes existiert.

Also, meine lieben Freunde, warum weitertöpfern? Warum nicht im ursprünglichen Zustand des Geistes verweilen? Befreit euch von allem! Seid, was ihr in Wirklichkeit seid, und schafft keine neuen Überlagerungen! Es ist wirklich ganz einfach!

Euer Problem besteht einzig und allein darin, dass ihr vergessen habt, wer ihr seid. Denn hättet ihr es nicht vergessen, kämt ihr ja nicht hierher. Ihr kommt hierher und fragt mich, wer bin ich? Das ist wirklich sehr sonderbar. Die Welle fragt das Meer: »Wer bin ich?« Und das Meer antwortet: »Du bist ich!« Ihr alle seid das Meer. Ihr alle seid selbst die Wirklichkeit, die ihr sucht. Christus sagt: »Der Vater und ich sind eins«, das heißt: Wer mich sieht, sieht uns. Es gibt keine Unterscheidung.

Das Denken in seiner begrifflichen Fixierung schafft die Unterscheidung, und hierdurch entsteht die Illusion einer Vielheit. Wo Vielheit ist, ist aber auch zugleich Getrenntheit. Ihr erlebt euch als getrennt vom Ganzen, und so erheben sich die abertausend Probleme. Mit den Worten von Zen-Meister Huang-po:

> Wenn die Gedanken sich erheben, erheben sich alle Dinge, und wenn die Gedanken schwinden, schwinden alle Dinge und somit alle Probleme.

Das Denken erzeugt die karmischen Triebkräfte und somit die Geistesregungen, die dann alle Gefühlsimpulse und somit alle Arten von Vorstellungen aktivieren. Es ist so wie des Nachts, wenn du träumst. Es besteht keine Notwendigkeit zu träumen, aber es sind die unverdauten Tageseindrücke und Erinnerungen, die als karmische

Triebkräfte zu wirken beginnen. Sie erheben sich und formieren sich zu allen möglichen Situationen des Gebundenseins in den Kreislauf von Geburt, Altern, Verzweiflung, Krankheit, Schmerz und Tod.

Wollt ihr dem Spuk ein Ende machen, dann gibt es keinen anderen Weg, als aufzuwachen und somit herauszusterben aus dem Gaukelspiel eines projizierenden Bewusstseins. Und das heißt: Stirb den mystischen Tod! Zen-Meister Ta-hui sagt: »Stirb, noch während du lebst! Dann tu, was immer du willst, alles ist gut.«

Natürlich, wenn jetzt hier einer vor euch sitzt und von der Notwendigkeit des Loslassens und vom mystischen Tod spricht, dann könnte manch einer vielleicht denken: »Das ist aber eine traurige Philosophie.« Aber ich sage euch, es ist weder eine traurige noch sonst irgendeine Philosophie – es ist gar keine Philosophie – es ist die höchste Wahrheit.

Als traurig erscheint es nur dem, der sich an der Wahnvorstellung einer für sich bestehenden Persönlichkeit, der Ego-Illusion, festhält. Wenn ihr daran festhaltet, dann wird es euch natürlich sehr schwer fallen, euch davon zu lösen, genau wie einem Kind, das sich eine Burg aus Sand gebaut hat, und jetzt kommt jemand und tritt die Burg kaputt. Welch ein Jammer! Aber warum Herbstblätter für Gold halten? Warum Tränen vergießen über etwas, was nichts weiter ist als eine Illusion und was sowieso kein wirkliches Sein hat?

Nur derjenige wehrt sich gegen den Gedanken an die Unabwendbarkeit seines Sterbenmüssens, der sowieso schon geistig tot ist. Deshalb sagt Christus: »Lass die Toten ihre Toten begraben, und folge mir nach!«

Der Wahrheit nachfolgen heißt aber: den Tod annehmen und sich ganz darauf einlassen. Soji Enku sagt in seinem wunderbaren Gedicht »Der Große Tod«: »Der große Tod, dein Leben beugt sich mit einem Lächeln ganz über dich. Nimm ihn auf mit allen Rosen der Liebe.«

Das ist es, das ist die Wahrheit. In dem Augenblick, wenn du im Vergessen deiner selbst und aller Dinge dich ganz auf den Tod einlässt, wird dir das »Große Leben« zuteil werden, und du wirst ausrufen: »Wie wunderbar! Es gibt keine Geburt und es gibt keinen Tod und es gibt auch keine höchste Wahrheit zu erlangen.«

Es gibt kein Gefangensein im Kreislauf von Geburt und Tod und es gibt keine Befreiung. Alles ist MU! So ist es. MU – Nichts! Zu diesem Nichts müsst ihr werden – es ganz sein. Doch haltet euch nicht fest an dem Wort MU, sonst seid ihr schon wieder fixiert. Nicht das es euch so ergeht wie dem Schüler im folgenden Beispiel:

> Ein Schüler des Zen kommt zu Zen-Meister Joshu und sagt: »Schau Meister, ich habe alles losgelassen. Was sagst du dazu?« Zur näheren Verdeutlichung wedelt er demonstrativ mit den Ärmeln.
> Der hochbetagte alte Meister Joshu schaut sich den Zen-Mönch gelangweilt an und sagt: »Na ja, dann wirf es doch weg!«
> Der Mönch, sichtlich verwirrt über Joshus Antwort, denkt, der Meister habe ihn wegen seines hohen Alters nicht richtig verstanden, und sagt: »Aber Meister, ich habe euch doch eben gesagt, dass ich alles losgelassen habe. Was soll ich da noch wegwerfen?«

> Und Joshu erwidert: »Ach so, wenn dem so ist, dann musst du es halt weitertragen!«

Der Mönch war allen Ernstes davon überzeugt, MU verwirklicht und losgelassen zu haben. Doch der alte Joshu hatte sofort erkannt, dass der Schüler sich nur an seiner Vorstellung des Losgelassen-Habens festhielt. Das MU des Schülers war nichts weiter als eine Gedankenkonstruktion und nicht das wahre MU des Zen. Doch was ist das wahre MU des Zen? Stirb, und sei ganz tot! Dann tu, was immer du willst, und alles ist gut, so wie es ist. Mit anderen Worten:

> Am Rand des Abgrunds hängend, lass los und stirb ganz und gar, dann kehre zurück ins Leben – danach kann nichts mehr dich täuschen.

Dieses mystische Sterben ist das Eintauchen in das »Große Leben«. Der große Tod und das große Leben sind ein und dasselbe. Das totale Loslassen und das sich Auflösen in die Fülle des göttlichen Seins ist »eine« Erfahrung und geschieht im selben Moment.

Lass alles hinter dir! Höre auf, nach dem Ungreifbaren zu greifen! Dann wird dein wahres Angesicht vor deiner Geburt aufstrahlen tausendmal heller als die Sonne, und du wirst erfüllt sein von großer Klarheit und unbeschreiblichem Frieden.

Das ist »die Freiheit des Zen«. Die Fesseln des Ich-Wahns sind zerbrochen, und du lebst mitten in der Welt ein Leben in völliger Freiheit.

6

Wahre Zen-Praxis

Die Leere bedarf keiner Stütze, sie stützt sich auf nichts. Ohne sich anzustrengen, gelöst und natürlich bleibend, kann man das Joch zerbrechen und Befreiung erlangen.
Wenn man nichts sieht, während man in den Raum hinausschaut, und zugleich der Geist den Geist erblickt, vernichtet man alle Unterscheidungen und erreicht Buddhaschaft.
Die Wolken, die über den Himmel wandern, wurzeln nirgends, haben keine Bleibe; und ebenso wenig die unterscheidenden Gedanken, die über den Geist hinwegziehen. Sobald der Selbst-Geist erblickt worden ist, endet alle Unterscheidung.

TILOPA (11. JH.)

»Die Leere bedarf keiner Stütze, sie stützt sich auf nichts.« Die grenzenlose Weite des Einen Geistes ist von nichts abhängig und stützt sich auf nichts. Sie ist weit und offen wie der unendliche Himmelsraum, ohne Hindernisse und Begrenzungen.

Alle Denksysteme, all die künstlichen Philosophien und Religionen, die geschaffen wurden, das sind alles nur Folgeerscheinungen gehirnakrobatischer Spekulation, und deshalb bedürfen sie ständig neuer Krücken, Gerüste und Denkstützen, damit sie nicht in sich zusammenbrechen.

Zen-Meister Huang-po sagt: »Du kannst auf die Leere kein Brett nageln.« Die Wirklichkeit an sich ist unaussagbar, sie stützt sich auf überhaupt nichts. Alles, was wir darüber aussagen könnten, würde das Wesentliche verfehlen.

Ohne sich anzustrengen, gelöst und natürlich bleibend …

Viele Leute glauben, Zen sei eine ganz schwierige Angelegenheit, und auch in manchen Büchern über Zen liest man immer wieder, Zen sei sehr schwierig. Manche westliche Autoren schreiben, für den westlichen Menschen sei ein tieferes Verständnis des Zen sowieso niemals ganz möglich.

Es wird da immer so eine große Geheimnistuerei um Zen gemacht, doch ich sage euch: Zen ist nicht schwierig, es ist eher ganz einfach. Wir können hier von einer »schwierigen Einfachheit« reden. Denn die Schwierigkeit im Verständnis des Zen liegt einzig und allein nur darin, dass ihr nicht versteht, wie nah euch die Wirklichkeit ist, die ihr sucht. Das ist nämlich der ganze Haken an der Sache. Und da sie so nah ist, wie es gar nicht näher geht, gibt es in Wahrheit auch nichts zu suchen.

»Dass es nichts zu erreichen gibt, sind keine leeren Worte, sondern die höchste Wahrheit«, sagt Huang-po. Wie einleuchtend diese Worte auch klingen mögen, so verstehen sie doch nur die allerwenigsten. Ihr bestätigt zwar schnell und sagt: »es gibt nichts zu erreichen«, doch von eurem Verstand her bleibt ihr zielorientiert.

Diese Zielorientiertheit haltet ihr aufrecht bei allem was ihr tut – selbst bei der Meditation.

Die meisten Menschen benutzen die Meditation, um irgendetwas zu erlangen. Sie möchten ein schönes beseeligendes Gefühl bekommen. Sie möchten in Stille und Frieden verweilen. Doch wahre Zen-Meditation heißt, frei zu sein von jedem Verlangen – frei zu sein von allem, was es auch sei. Im Zen haben wir hierfür den Ausdruck »Mushotoku«, das bedeutet: »Ohne Ziel und Streben nach Gewinn«.

Wenn du an schönen beseeligenden Gefühlen festhältst, kommt unweigerlich irgendwann der Moment, wo sich das schöne Gefühl ändert und in die andere Richtung umschlägt. Es wird zu seinem Gegenteil, und du bist in einer traurigen Verfassung.

Diese quietistische Meditationsform der beseeligenden Gefühle ist wie eine Droge. Sie kann zu einer Sucht werden. Doch jedes Mal, wenn sich das schöne Gefühl ändert und umschlägt, beginnst du zu leiden. Du erlebst etwas Glück, doch dann fällst du in den gegenteiligen Zustand. Auf diese Weise bist du immer mehr gefangen in deiner selbstgezeugten Welt der Gegensätze. Wenn du an dieser falschen Meditationsform festhältst, wirst du niemals dein ursprüngliches wahres Sein verwirklichen können. Sie kann dich nicht aus deinem Gebundensein an Geburt und Tod befreien.

Immer wenn ich an die beseeligende Meditation denke, fällt mir folgendes Erlebnis ein:

Bei meinem ersten Zen-Sesshin bei meinem Meister Soji Enku bekam ich am vierten Tag so starke Schmerzen in den Knien, dass mir die Meditationshaltung sehr unangenehm wurde. Ich warf einen verstohlenen Blick auf den Nachbarn zu meiner rechten Seite, doch der saß mit einwandfreier Sitzhaltung und einem breiten, heiteren Lächeln über das ganze Gesicht auf seinem Sitzkissen. »Ach wie schön wäre es doch«, dachte ich, »wenn ich auch in solch einer freudigen Verfassung meditieren könnte.«

Doch plötzlich stand der Meister hinter meinem Nachbarn und schlug mit seinem Stock auf ihn ein. »Aufwachen«, brüllte er, »komm heraus aus deiner Teufelshöhle schöner Gefühle!« – »Oh«, dachte ich, »wie gut, dass ich keine so freudige Meditation habe.«

So, wie es falsch ist, während der Meditation in schönen beseeligenden Gefühlen zu baden, ist es aber auch genauso falsch, einfach nur so dazusitzen und stumpf wie das Vieh vor sich hinzudösen. Denn wie kannst du erwarten, durch bloßes, stumpfes Herumsitzen zur Einsicht deines wahren Wesens zu kommen?

Dies musste auch Ma-tsu erkennen, als er noch Schüler bei seinem Meister Nan-yüeh (8. Jh.) war.

Als Ma-tsu noch Schüler im Kloster seines Meisters Nan-yüeh war, saß er Tag für Tag mehrere Stunden in Versenkung.

Als er eines Tages im Klosterhof in Versenkung saß, näherte sich der Meister und fragte ihn: »Was hoffst du durch dein stundenlanges Sitzen in Versenkung zu erreichen?«

Ma-tsu antwortete: »Ich möchte dadurch zur Buddhaschaft gelangen.«

Ohne ein Wort zu sagen, drehte sich Nan-yüeh um

und ging in den Garten. Nach einiger Zeit kam er mit einem Stein und einem Dachziegel zurück und begann den Stein und den Ziegel aneinander zu reiben.

Das knirschende Geräusch erschütterte die Ruhe und den heiligen Frieden des jungen Ma-tsu. Er bemühte sich, das fürchterliche Geräusch zu ignorieren. Doch Meister Nan-yüeh fuhr unermüdlich fort, Stein und Ziegel aneinander zu reiben.

Schließlich, nach einigen Minuten der Qual, konnte Ma-tsu nicht mehr an sich halten und fuhr gereizt auf: »Meister, warum reibst du denn diesen Stein und den Ziegel ständig hin und her?«

Nan-yüeh antwortete: »Ich habe die Absicht, aus dem Ziegelstein einen Spiegel zu machen.«

»Aber wie kann denn durch das Reiben eines Ziegels ein Spiegel entstehen?«, fragte Ma-tsu völlig erstaunt.

Da erwiderte Meister Nan-yüeh: »Wie kann jemand durch das Sitzen in Versenkung Buddhaschaft erlangen?«

Meister Nan-yüeh wollte auf diese Weise seinem Schüler klarmachen, dass sich Buddhaschaft – das Erleben unseres wahren Wesens – nicht durch äußere, künstlich auferlegte Praxis erzwingen lässt.

Wenn ihr krampfhaft versucht, die Erleuchtung durch stundenlanges Sitzen mit gekreuzten Beinen zu erlangen, tötet ihr den wahren Geist des Zen. Die alten chinesischen Meister nannten diese falsche Form der Meditationspraxis »die Geisterhöhle des toten Nichts«.

Der chinesische Zen-Meister Fo-yan (12. Jh.) sagt:

> Wahre Zen-Meditation heißt nicht, dass du einfach nur dasitzt und von nichts Notiz nimmst. Praktiziere nicht, indem du stocksteif Geist und Körper unterdrückst, so dass sie wie Erde und Holz sind – das bringt nichts ein.

Heutzutage gibt es viele Zen-Mönche, die einfach nur so dasitzen und dösen. Doch wie können sie erwarten, durch bloßes, stumpfes Herumsitzen zur Einsicht ihres wahren Wesens zu gelangen.

In der lebendigen Zen-Praxis des ursprünglichen Zen geht es um etwas ganz anderes als um ein ausschließliches Sitzen in der Stille des inneren Schweigens. Das Praktizieren der Zen-Meditation ist – und das möchte ich euch mit äußerstem Nachdruck versichern – von unerlässlicher Wichtigkeit, wenn man zur Verwirklichung seines wahren Wesens gelangen möchte.

Es ist jedoch ein gewaltiger Irrtum zu glauben, dass es im Zen nur darum geht, die Stille des Geistes zu verwirklichen. Deshalb praktizieren wir ja auch nicht diese knochenbrecherische, japanische Kamikaze-Form des Zazen, wo man nur noch wie versteinert auf dem Meditationskissen sitzt und gegen die Wand glotzt.

In japanischen Klöstern gibt es Zen-Sesshins, da sitzt man nur noch auf dem Meditationskissen, und das geht viele Tage und Wochen lang, nur noch sitzen, sitzen, sitzen. Es ist aber »großzügigerweise« erlaubt, nach Mitternacht für die Zeitdauer einer Stunde auf dem Kissen etwas einzunicken – natürlich mit gerader

Körperhaltung. Über diese falsche Art des Übens sagt Zen-Meister Lin-chi:

> Es gibt blinde Kahlköpfe, die, nachdem sie sich satt gefressen haben, stundenlang Zazen üben. Sie halten die Bewegung der Gedanken an, und damit sie sich gar nicht erst bilden, fliehen sie den Lärm der Welt und suchen die Stille.
> Das ist eine abweichende Form des Zen. Es ist die Falle der toten Leere.

Diese tote Praxis des Zazen ist dem ursprünglichen Zen der alten chinesischen Meister total entgegengesetzt. Die meisten Leute sind davon überzeugt, Sitz-Meditation mit kerzengeradem Rücken und gekreuzten Beinen sei die einzig wahre Form der Zen-Meditation. Doch die Sitz-Meditation allein ist in Wirklichkeit noch keine vollständige Meditationspraxis. Wer an der Sitz-Meditation als der einzig richtigen Form festhält, hält einseitig am Sitzen des Körpers fest.

Wahre Zen-Meditation hängt nicht davon ab, eine vorgeschriebene Sitzhaltung über längere Zeiträume aufrechtzuerhalten. Zazen heißt nicht sitzen wie ein erstarrter Leichnam. »Za« heißt sitzen, in Form von verweilen. »Zen« heißt sich versenken in die Wirklichkeit selbst, die Quelle unseres Seins. Das ist es – Verweilen in Versenkung.

Es geht hier also nicht vorwiegend um eine körperliche Haltung, sondern vielmehr um die Haltung des »Geistes« von Augenblick zu Augenblick bei allem, was man tut. Beim Stehen, Liegen, Sitzen, Gehen,

Reden, Schweigen – überall und zu jeder Zeit, ohne Unterbrechung. Dies ist das ursprüngliche lebendige Zen der alten chinesischen Meister, und alles andere sind krankhafte Auswüchse überspannter Gehirne. Der chinesische Zen-Meister Hui-jang sagt:

> Wer sich in sitzender Meditation übt, versucht ein sitzender Buddha zu werden. Wenn man sich im Zazen übt, sollte man wissen, dass das wahre Zen weder Sitzen noch Liegen ist.
> Wenn man sich zu einem sitzenden Buddha trainiert, sollte man wissen, dass Buddha keine fixierte Form ist. Wenn man sich selbst zu einem sitzenden Buddha machen will, ist dies genauso, als töte man Buddha. Wer sich an der sitzenden Haltung festhält, wird niemals die tiefe Wahrheit des Zen erlangen.

Hui-neng, der sechste Patriarch des Zen, der im achten Jahrhundert in China lebte, drückt es mit folgenden Worten aus:

> Ein Lebender, der sitzt und nicht liegt.
> Ein Toter, der liegt und nicht sitzt.
> Letzten Endes sind sie alle
> nur schmutzige Skelette!

Das einseitige Beharren auf der Sitz-Meditation zeigt ein engstirnig dogmatisches Festhalten an einer bestimmten Vorstellung von Zen. Doch sowie du irgendeine Vorstellung von Zen hast, ist es nicht mehr das wahre Zen.

Das ursprüngliche Zen, so wie es die alten chinesischen Meister gelehrt und gelebt haben, ist ein sehr kraftvolles und lebendiges Zen, das sich über jede Form von Unterscheidung erhebt. Und wenn Nicht-Unterscheidung ein wesentliches Element des Zen ist, dann wird sich ein wahrer Mensch des Zen nicht für den Rest seines Lebens in ein Kloster zurückziehen und nur noch mit verknoteten Beinen auf einem Meditationskissen sitzend gegen die Wand starren und dies auch noch für wahre, echte Zen-Praxis halten. Vielmehr wird er erkennen, dass es darauf ankommt, die nicht-unterscheidende Klarschau des Geistes mitten in der vielheitlichen Welt der Unterscheidungen zu verwirklichen.

In der Praxis des Zen geht es darum, einen nicht-anhaftenden Geist zu bewahren, überall und zu jeder Zeit, so dass ihr lernt in freier, nicht-identifizierter Weise mit den Dingen umzugehen. Dass ihr lernt Dinge zu besitzen, ohne dass die Dinge euch besitzen. Dass ihr handelt ohne Ich-Bezogenheit, so dass ihr innerlich frei seid vom Handeln. Dies ist wahres Leben aus, durch und im Zen.

»Wenn die Notwendigkeit zum Handeln da ist, dann handelt – ist die Notwendigkeit zum Handeln vorüber, dann gebt Ruhe«, sagt der chinesische Zen-Meister Huang-po.

Ein Schüler des Zen fragt seinen Meister:
»Meister, was ist deine Art Zen zu leben – was ist das Geheimnis deines Zen?«
Und der Meister sagt: »Wenn ich hungrig bin, esse ich, und wenn ich müde bin, schlafe ich.«

»Ja«, sagt der Mönch, »das ist ja alles ganz schön und gut, aber das tun wir doch alle. Was ist denn da so Besonderes dran?«
»Nun«, sagt der Meister, »wenn ihr esst, dann habt ihr dabei tausend Gedanken und seid im Da und Dort, und wenn ihr schlaft, habt ihr in euren Träumen viele Ängste und Wünsche. Doch wenn ich esse, esse ich und sonst nichts. Und wenn ich schlafe, schlafe ich und sonst nichts. Das ist mein Zen.«

Ohne sich anzustrengen, gelöst und natürlich bleibend ...

Das ist wahres Zazen und zugleich die Geisteshaltung des Taoismus. Wir dürfen nicht vergessen, dass die alten chinesischen Zen-Meister wie Hui-neng, Ma-tsu, Pai-chang, Huang-po, Lin-chi usw. ganz durchdrungen waren vom Geist des Tao. Das wesentliche Element des Taoismus ist aber das Wu-wei, das Nicht-Tun, die gelöste und entspannte Geisteshaltung des Nicht-Wollens. Das Tao fließt wie das Wasser, und wenn du mit dem Tao fließt, stehst du im harmonischen Einklang mit der allumfassenden Ganzheit des Seins.

Also, nicht irgendwelche Barrieren oder künstlichen Wege schaffen! Legt euch keine Ketten der Dogmatik an und mauert euch nicht im Kerker eines Systems ein! Das entspricht nicht dem Geist des Tao und nicht dem ursprünglichen wahren Geist des Chan (das chinesische Wort für Zen). Damit es keine Verwechslung gibt und keiner meint, wir würden hier diese japanische, knochenverbiegende Form des Zen praktizieren, nennen wir unser Zentrum ja auch Zen-Zentrum Tao Chan.

»Tao Chan« setzt sich aus den chinesischen Begriffen Tao und Chan zusammen und steht für die spirituelle Praxis mitten in der Welt. Tao bedeutet das Absolute und gleichzeitig der Weg, und Chan, das chinesische Wort für Zen, heißt Versenkung.

Tao Chan ist somit die Verbindung von Weg und Versenkung, wobei sich der aktive Weg des alltäglichen Lebens untrennbar mit dem hellklaren Selbstgewahrsein des Geistes in der stillen Meditation des Zen verbindet.

> *Ohne sich anzustrengen, gelöst und natürlich bleibend, kann man das Joch zerbrechen und Befreiung erlangen.*

»Ha!«, könnte jetzt einer sagen, »eben hab ich ihn, eben hat er sich verraten: Das Joch zerbrechen, das ist ja doch wieder etwas Gewaltsames.« – Nein! Es ist nichts Gewaltsames.

In dem Augenblick, wenn man, ohne sich anzustrengen, gelöst und natürlich bleibt, dann ist da keine Ego-Fixierung mehr und kein künstliches Gehabe, da ist nur noch der Geist des Wu-wei, des Nicht-Tuns, und der Geist des Wu-nien, des Nicht-Denkens.

Das ist der wahre Zen-Geist. In dieser Verfassung der heiteren Widerspiegelung des Geistes lösen sich eure Anhaftungen und Identifikationen – Gier, Hass und Verblendung – auf. Ebenso ist es mit Alter, Verzweiflung, Krankheit, Schmerz und Tod. All das löst sich auf, und ihr steht in der allumfassenden Ganzheit des Seins. Nicht, dass ihr dann nicht mehr altern und sterben werdet, aber es geschieht einfach so.

Die Dinge geschehen ganz natürlich. Die Pflanze wächst empor, die Knospe geht auf, wird zur Blume und blüht in voller Pracht und Schönheit. Die Blume verbreitet ihren herrlichen Duft, Bienen und Schmetterlinge sind eingeladen, den Nektar aufzunehmen, und dann kommt die Zeit, wo sie sich wieder auflöst und verwelkt. Alles geschieht ganz natürlich – einfach so, im harmonischen Einklang mit dem Tao.

Wenn man nichts sieht, während man in den Raum hinausschaut, und zugleich der Geist den Geist erblickt, vernichtet man alle Unterscheidungen und erreicht Buddhaschaft.

»Wenn man nichts sieht, während man in den Raum hinausschaut«, das heißt: Die Dinge sind zwar noch da, wenn ihr in der Geistesverfassung der heiteren Widerspiegelung des Geistes in den Raum hinausschaut, aber – es ist nicht mehr die dualistische Welt der Unterscheidung von Subjekt und Objekt.

Es ist nicht mehr so, dass ihr als ego-zentriertes Subjekt äußere Objekte wahrnehmt in der Unterscheidung von gut und böse, richtig und falsch, von begehren und ablehnen. Vielmehr ist alles ein allumfassendes Ganzes, das alles in sich auf eine wunderbare, vollkommene Weise beschlossen hält. Du schaust hinaus, und dieses Hinausschauen ist, da es keine dualistische Form der

Wahrnehmung mehr ist, ein Nicht-Hinausschauen. Denn da gibt es kein Außen, und da gibt es kein Innen, da ist nur noch reines »So-Sein« – Tathata. Alles ist so, wie es ist. Alles ist das Eine neben dem nichts anderes existiert. Der Sehende, das Gesehene und der Sehprozess, alles ist eins. Der Denker, das Gedachte und der Prozess des Denkens fallen in eins zusammen, und die Vielheit löst sich auf.

Das Wahrgenommene hat keine Wirklichkeit in sich und der Wahrnehmende, als der Denker, auch nicht. Es gibt keinen Denker als Subjekt. Der Denker ist nichts weiter als eine Ansammlung von Eindrücken, die seit der Geburt gespeichert wurden. Alles ist nur Ereignis! Alles ist nur ein psychischer Prozess! Es existiert nur eine Aufeinanderfolge von Gedanken, die auf bereits bestehenden Konzepten basieren.

Wenn ich sage, es gibt keinen Denker als Subjekt, dann löst das bei vielen Menschen Ängste aus. Diese Ängste sind jedoch völlig unbegründet, sie verraten lediglich die Bindung an etwas Nichtexistierendes.

Wenn ihr wirklich alles lasst wie es ist und euch ganz auf dieses So-Sein, auf das Hier und Jetzt einlasst, dann löst sich der ganze Spuk auf. Dann gibt es keine Unterscheidung mehr, und alles ist gut, so wie es ist. Dann offenbart sich dir die Wirklichkeit hinter allen Erscheinungen.

Es ist so wie bei einer Kinoleinwand hinter den Bildern. Die Projektion einer äußeren, vielheitlichen Erscheinungswelt, bedingt durch den Prozess von Annehmen und Verwerfen, erlischt. Der Film von Geburt, Altern, Verzweiflung, Krankheit, Schmerz und Tod ist aus, und das klare Licht der Wirklichkeit strahlt auf. In diesem Augenblick ist »das Auge, in dem du Gott siehst und das Auge, in dem Gott dich sieht – ein Auge, ein Sehen und ein Erkennen«, wie Meister Eckhart sagt. Deshalb sagt Tilopa:

Wenn zugleich der Geist den Geist erblickt, vernichtet man alle Unterscheidungen und erreicht Buddhaschaft.

Dieses Erreichen ist jedoch nicht so etwas wie zum Beispiel das Erklimmen eines Berges, es ist nicht etwas, was als fernes Ziel irgendwo liegt, wo du hingelangen musst. Vielmehr ist es als dein allerinnerstes wahres Sein stets gegenwärtig.

Christus sagt: »Das Reich Gottes ist inwendig in euch«, so übersetzt es Luther, und in anderen Übersetzungen heißt es: »Das Reich Gottes ist mitten unter euch.« Diese beiden Übersetzungen widersprechen sich aber nicht, wie viele hirnverkopfte Theologen meinen, sondern sie ergänzen sich.

Die Theologen sind sich da sehr uneins und streiten sich, welches wohl die richtige Übersetzung sei, »inwendig in euch« oder »mitten unter euch«; dabei ist beides richtig, das eine wie das andere. Das eine ergänzt das andere. Die Wirklichkeit des allumfassenden Seins, die Wirklichkeit des Einen Geistes, ist in euch und ist zugleich – als eure eigene Wirklichkeit – überall stets gegenwärtig. Die chinesischen Meister des Zen sagen: »Schau unter deine Fußsohlen, dort findest du das Tao, dort findest du die Wirklichkeit.«

Die Wolken, die über den Himmel wandern, wurzeln nirgends, haben keine Bleibe; und ebenso wenig die unterscheidenden Gedanken, die über den Geist hinwegziehen. Sobald der Selbst-Geist erblickt worden ist, endet alle Unterscheidung.

Deine Gedanken und deine Vorstellungen, die über den Selbst-Geist hinwegziehen, haben keine Wirklichkeit, keine Stabilität; sie ziehen einfach vorüber. Sie sind wie dahinziehende Wolken, die nicht anders können, als sich irgendwann aufzulösen.

So wie des Abends die Wolken über den Mond hinwegziehen, ebenso ziehen die Wolken eurer unterscheidenden Gedanken über den Selbst-Geist hinweg. Und so kann es geschehen, dass du, wenn du am Abend zum wolkenbedeckten Himmel hochschaust und keinen Mond siehst, sagst: »Es ist heute kein Mond da.« Aber der Mond ist immer da, nur du bist nicht da – dies ist das ganze Problem.

Der Mond ist immer da, ebenso wie der aus sich selbst leuchtende Selbst-Geist. Er strahlt immer, er ist stets gegenwärtig, wenn auch verborgen hinter den dunklen Wolken des unterscheidenden, begrifflichen Denkens. Doch sobald der Selbst-Geist erblickt wird, endet alle Unterscheidung, und du erwachst aus deinem Traum einer dreidimensionalen äußeren Welt und bist befreit.

7

Es gibt nichts zu erreichen

Unser ursprüngliches Buddha-Wesen ist, vom Standpunkt der höchsten Wahrheit, ohne das geringste Teilchen von Gegenständlichkeit.
Es ist leer, allgegenwärtig, still und rein. Es ist herrliche und geheimnisvoll friedvolle Freude – nichts anderes.

ZEN-MEISTER HUANG-PO (9. JH.)

Unser ursprüngliches Buddha-Wesen ist unser ewiges wahres Sein jenseits von Geburt und Tod. Dieser wahre ursprüngliche Zustand unseres Geistes ist, vom Standpunkt der höchsten Wahrheit aus gesehen, ohne wahrnehmbares Merkmal. Es entzieht sich jeder Benennung. Es ist das reine Sein, das alles in sich beschlossen hält – ein alles durchdringendes, grenzenlos weites universales Bewusstsein und Ursprung aller Dinge. Die Zen-Buddhisten nennen es: »unser ursprüngliches Angesicht vor unserer Geburt«. Zen-Meister Huang-po sagt:

Es ist leer, allgegenwärtig, still und rein.

Leer bezieht sich hier auf »Leere« (Shunyata), das heißt: Alles, was wir über unser ursprüngliches wahres Sein aussagen, hat mit der Sache selbst nichts zu tun. Denn es ist die attributlose überseiende Wirklichkeit, die jenseits der verstandesmäßigen Erkenntnis liegt. Als die Fülle des göttlichen Nichts ist es das überseiende Nicht-Sein, allgegenwärtig, still und rein. Und weil es allgenwärtig ist, befindet es sich unmittelbar »jetzt-hier«, und so braucht ihr es nicht zu suchen. Denn da es nichts zu erlangen gibt, gibt es auch nichts zu suchen.

Alles Suchen im Dies und Das und Da und Dort geschieht nur aus eurer geistigen Verblendung, aus dem Nichtwissen heraus. Es ist ein Suchen aus der fälschlichen Annahme, dass die absolute Wirklichkeit etwas ist, was durch irgendwelche äußeren, künstlichen Aktivitäten erlangt werden kann. Doch ihr könnt euch noch so sehr bemühen, ihr könnt euch anstrengen, wie ihr wollt, ihr werdet die Wahrheit durch eure Bemühungen nicht erlangen. Je mehr ihr euch bemüht, umso mehr entfernt ihr euch davon. Dies ist das große Dilemma.

Alle Religionen, alle Philosophien sagen euch, dass ihr dieses und jenes tun sollt: Askese betreiben, philosophische Schriften und Kommentarliteratur studieren, stundenlange Meditation ausüben usw.

Viele geistig Suchende bemühen sich, mit Hilfe dieser und anderer Methoden zur Verwirklichung zu gelangen. Und die meisten von ihnen sind in eines dieser Hilfsmittel so verliebt, dass es zum Selbstzweck und letztlich zum großen Hindernis auf dem Weg zur Befreiung wird.

Zen hat mit all diesen künstlichen Methoden nichts zu tun. Es verweist immer nur mit äußerstem Nachdruck auf den ursprünglichen Zustand eures Seins – direkt, unmittelbar. Hierin zeigt sich »die Freiheit des Zen«.

Deshalb: Lasst alles hinter euch, befreit euch von allem, was es auch sei!

Alle buddhistischen Lehren, wie sie in den Sutras und Shastras dargelegt werden, sind in den Augen der alten Zen-Meister nichts weiter als wertloses Klopapier, um den Müll des Intellekts aufzuwischen. Zen hat nichts zu tun mit spitzfindigen, philosophischen Überlegungen und logischen Schlussfolgerungen. Deshalb lehnt Zen alles ab, was auch nur im Entferntesten mit einer äußeren Lehre zu tun hat – es hegt das absolute Vertrauen zum inneren Wesen des Menschen. Alle Wahrheit kommt im Zen von innen.

Zen hat nichts zu tun mit irgendeinem festgelegten religiösen Dogma, welcher Art es auch immer sein mag. Deshalb interessiert es sich auch nicht im Geringsten für die leeren Phantasieprodukte theologisch spekulativer Gelehrsamkeit. Zen ist keine Sache des unterscheidenden, begrifflichen Denkens. Vielmehr sieht es seine besondere Aufgabe darin, dich aus dem Gefängnis des Verstandes zu befreien.

Wesentlich im Zen ist immer die durch die Praxis des Zen herbeigeführte Entwicklung zum intuitiven Begreifen, anstelle intellektuellen Studiums. Die wesentlichen Merkmale des Zen wurden in der frühen Tang-Dynastie in vier Grundsätze zusammengefasst:

1. Übertragung außerhalb der orthodoxen Lehre
2. Unabhängigkeit von heiligen Schriften
3. Direktes Deuten auf den Herz-Geist
4. Schau in die eigene Natur und Erlangen der Buddhaschaft

Die Wirklichkeit, die du suchst, offenbart sich erst dann, wenn du erkennst, dass es gar nichts zu suchen gibt. Alles Suchen ist Nichtwissen. Nichts suchen heißt: gelassen bleiben. Du kannst dein wahres Sein, den ungeborenen Einen Geist nicht erlangen, denn es gibt nichts zu erlangen. Zen-Meister Fo-yan sagt deshalb:

> Wenn du suchst – was ist das anderes, als Schall und Form nachzujagen?
> Wenn du nicht suchst – worin unterscheidest du dich dann von Erde, Holz und Stein?
> Du musst suchen, ohne zu suchen!

Dies bedeutet: Werde still, verweile in dir selbst und lass dich somit von der allumfassenden, allgegenwärtigen Wirklichkeit des Einen Geistes finden. Meister Eckhart drückt es so aus: »Der Mensch braucht sich die Gnade Gottes nicht erbitten. Er muss sich für sie nur bereithalten.«

Wir erinnern uns auch an das Gleichnis von dem Mann, der am Eingang zum Paradies steht und versucht hereinzukommen. Zuerst klopft er zaghaft an, dann etwas fester, aber es geschieht nichts. Dann haut er mit der Faust dagegen, doch ohne Erfolg. Verzweifelt tritt er mit dem Fuß dagegen. Er nimmt Anlauf und rennt gegen das Tor, doch ohne Erfolg.

Dies geht die ganze Nacht hindurch, bis er irgendwann erschöpft niedersinkt und erkennt, dass all sein Bemühen zu nichts führt, und siehe da: Das Tor geht auf, aber in die andere Richtung, nämlich – zu ihm hin. Das ist es! Euer ganzes Suchen und euer Bemühen, das nicht

Erreichbare erreichen zu wollen, ist nichts anderes als ein Zudrücken des Tores zur Befreiung. Der chinesische Zen-Meister Yüan-wu weist auf die Sinnlosigkeit des Suchens mit folgenden Worten hin:

> Wenn du die unmittelbare Erfahrung des Zen wünschst, so suche sie vor allem nicht. Was durch Suchen erlangt wird, ist schon durch das Denken verunreinigt.
> Erst wenn du den Umtrieben deines Denkens Einhalt gebietest und den Punkt erreichst, wo alle Dinge ungeboren sind, brichst du durch zur Freiheit. Du versinkst nicht mehr in Gefühlen, du verweilst nicht mehr bei Begriffen, sondern transzendierst alles ganz und gar.
> Dann ist Zen überall in der Welt überdeutlich gegenwärtig, und die Gesamtheit aller Dinge verwandelt sich in die große Vollendung.
> Alles kommt aus deinem eigenen Herzen.
> Dies ist es, was die Alten das Heben des Familienschatzes nannten.

»Es gibt nichts zu erlangen«, dies ist ein ganz wesentlicher Grundsatz des Zen – es ist die grundlegende Aussage des Zen überhaupt. »Dass es nichts zu erreichen gibt sind keine leeren Worte, sondern die höchste Wahrheit.«

Wie oft hatte ich diese Worte Huang-pos aus dem Munde meines Meisters Soji Enku gehört. Immer wieder sagte er: »Lieber junger Freund, glaube mir, es gibt wirklich nichts zu erreichen, es gibt keine Erleuchtung zu erlangen.« Je mehr ihr in der Illusion lebt, dass es irgendetwas zu erreichen gibt und dass ihr irgendwas erlangen könnt, umso mehr entfernt ihr euch von eurem wahren Sein.

Was wollt ihr erlangen? Es gibt keine neuen Güter zu erwerben. Alles ist da, hier und jetzt! In diesem Augenblick, »genau an diesem Ort«, offenbart sich die Wahrheit des Zen. Sie liegt weder in der Vergangenheit noch in der Zukunft.

Das Hier und Jetzt ist die Ewigkeit selbst, und Raum und Zeit sind nichts anderes als Folgeerscheinung des Denkens und somit Illusion. Sei »jetzt« in diesem Augenblick wirklich »hier« ohne Gedanken, ohne Begriffe und ohne Vorstellungen! Geh vollkommen auf in diesem Augenblick! Dies ist der Weg des direkten, augenblicklichen Erfassens der Wirklichkeit, so wie sie ist.

Den Weg des Zen zu gehen bedeutet, sich auf die Wirklichkeit des Hier-Jetzt einzulassen. Denn da die Wirklichkeit die allumfassende Ganzheit des Seins ist, umfasst sie den grenzenlosen Raum und die drei Zeiten Vergangenheit, Gegenwart und Zukunft in einem einzigen Jetzt.

Jetzt-hier fällt alles in einem Punkt zusammen. Mit den Worten des tantrischen Meisters Saraha (9. Jh.): »Alles, was hier ist, ist auch anderswo, und was hier nicht ist, ist nirgendwo.«

Wo wollt ihr einen Fußbreit Land gewinnen, wenn ihr doch schon mitten drin steht? Wo wollt ihr das »Reine Land«, das Sukhavati-Paradies des Buddha Amitabha, suchen?

Die alten chinesischen Meister sagten: »Suchst du das Tao – dann schau unter deine Fußsohlen!«

Wir erinnern uns hier auch an die Bibelstelle, wo die Pharisäer zu Jesus kommen und sagen: »Du sprichst die ganze Zeit von dem Reich Gottes. Du sagst, das Reich Gottes ist nah. Doch wie nah ist es denn und wie werden wir erkennen, dass es kommt, und wann und wie wird es kommen?« Und Jesus sagt:

> Amen ich sage euch: Das Reich Gottes kommt nicht so, dass man es an äußeren Zeichen erkennen kann. Man kann auch nicht sagen: Siehe, da ist es, oder dort ist es – denn, Amen ich sage euch: Das Reich Gottes ist inwendig in euch!

Wenn Jesus sagt »das Reich Gottes ist inwendig in euch«, dann ist dieses »Innen« der Mittelpunkt des Seins. Es ist des Menschen Allerinnerstes, der Ort und Ursprung allen Lebens. Es ist die Höhle des göttlichen Dunkels, die »Krypta des Herzens«, wie die christlichen Mystiker sagen. In ihr leuchtet das Licht unseres wahren Wesens, das wie die Sonne das ganze Universum erleuchtet und sich uns in der Schau ins Verborgene offenbart.

Dieser Tempel des Heiligen Geistes ist die »Guha-Hridaya«, die Herzenshöhle der Upanishaden, die, als das innerste Heiligtum des Menschen, in sich das ungeborene Gotteslicht birgt. In der Chandogya-Upanishad heißt es:

> Dieses Licht, das höher als der Himmel leuchtet, über allen Welten, jenseits von allem, höher als die höchsten Welten, es ist dieses selbe Licht, das im Innern des Menschen scheint.

Das ist das Reich Gottes, unser wahres Wesen »inwendig in uns«. Und da dieses Allerinnerste jenseits von Geburt und Tod und außerhalb von Raum und Zeit ist, kann es nichts anderes sein als das »Jetzt«.

Das Allerinnerste kann niemals die Vergangenheit sein, und es kann niemals die Zukunft sein. Denn das sind alles nur Wolken, die über das klare Licht des Geistes hinwegziehen und keine Realität haben. Dahinter strahlt die Wirklichkeit des Einen Geistes mit unverminderter Klarheit – ewig, ungeboren, unzerstörbar und außerhalb von Raum und Zeit.

Da dem so ist und die Wirklichkeit des Einen Geistes sich als Grundlage all eurer Erfahrungen offenbart, ist sie zugleich »mitten unter euch«. Suchst du das Reich Gottes? Es befindet sich direkt unter dir, du stehst darauf. Schau unter deine Fußsohlen!

Wo du gehst, wo du stehst, wo du auch bist – überall ist die unwandelbare Buddha-Wesenheit, die Urquelle des gesamten Kosmos, gegenwärtig. Warum also springt ihr voller Unruhe wie wildgewordene Affen von Ast zu Ast und greift nach diesem und jenem und sucht etwas, was ihr in Wirklichkeit nie verloren habt? Welch ein Wahnsinn!

Es ist herrliche und geheimnisvoll friedvolle Freude – nichts anderes.

Wie willst du diese wahre Freude finden? Du kannst sie nur finden, indem du dich auf den ursprünglichen Zustand des Geistes, auf dein wahres Sein »jetzt-hier« ganz einlässt. Dieses, dein ursprüngliches wahres Selbst, ist in Wahrheit nichts anderes als »herrliche und geheimnisvoll friedvolle Freude«.

Wenn du aber mit einer verkrampften Leichenträgermiene daherkommst und meinst, dass du mittels deines unterscheidenden, begrifflichen Denkens und mit deinen Vorstellungen von gut und böse, richtig und falsch zur großen Freude gelangen wirst, bist du auf dem falschen Weg. Solange du an diesem ganzen Dualismus festhältst und meinst, auf diese Weise könntest du in die geheimnisvoll friedvolle Freude eintreten, du könntest so die große göttliche Freude erfahren, bist du gefangen im dualistischen Denken – du bist ein Gefangener des Verstandes.

Der Verstand versucht immer, Grenzen zu setzen und festzuhalten. Denn das Begrenzte kann er unter Kontrolle halten und so vermeiden, sich zu öffnen und loszulassen. Doch solange du dich noch an deinen Konditionierungen und dem Erinnerungsgeflecht deiner toten Vergangenheit festhältst und dich nicht öffnest, wirst du die wahre Freude nicht erfahren. Im Gegenteil: Die göttliche Freude wird, wenn sie deiner ansichtig wird, fluchtartig das Weite suchen.

Ein ernster Mensch, der mit einem Gesicht wie ein Leichenträger durch die Welt schleicht, kann niemals erleuchtet werden. Ernsthaftigkeit ist eine völlig verkehrte Einstellung zum Leben.

Der Vedanta-Meister Shankara (9. Jh.) sagt: »Du bist Brahman, reines Bewusstsein, der Zuschauer aller Erfahrungen, dein wahres Wesen ist Freude.« Doch verkrampfte Ernsthaftigkeit ist einfach krank, pathologisch. Sie ist eine zerstörerische Krankheit, sie ist der Krebs der Seele.

Eine humorlose, ernsthafte Geisteshaltung ist immer die Folgeerscheinung des konditionierten, ego-verhafteten Sorgendenkens. Voller Angst schaut ihr in die Zukunft, und wehmütig oder mit Schuldgefühlen schaut ihr in die Vergangenheit. Diese Angst ist die Ursache von Misstrauen, Eifersucht und Neid; sie macht das Ich zu einer Festung gegenüber allem, was es umgibt. Dies beunruhigt euer Herz und zerstreut euren Geist.

Ihr tragt einen Schutzpanzer, weil ihr euch davor fürchtet verletzlich zu sein, und so verteidigt ihr euch gegen alles und jeden. Auf diese Weise verliert ihr immer mehr die Fähigkeit, euer wahres Sein hinter all den verselbständigten Projektionen eines dualistischen Bewusstseins wahrzunehmen. Euer von der Wirklichkeit getrenntes Dasein ist somit nur noch ein kümmerlicher Schatten eures wahren Seins. Und so werdet ihr zu wandelnden Leichen. Da ihr nicht mehr auf den harmonischen Klang des Lebens hört, könnt ihr in der Welt nur noch Disharmonie wahrnehmen.

So wie ein Spiegel immer nur das Gesicht widerspiegelt, das in ihn hineinschaut, so reflektiert die wahrgenommene Welt auch immer nur eure jeweilige Bewusstseinsverfassung. Es ist wie in dem alten tibetischen Gleichnis von dem Hund im Spiegelsaal:

Ein Hund hatte sich eines Tages beim Herumstreunen in einer Höhle mit vielen Gängen verirrt und befand sich plötzlich in einem großen Saal mit tausend Spiegeln.

Wo er auch hinschaut, überall sieht er nur Hunde, nichts als Hunde. Erschrocken und voller Misstrauen sträubt er das Fell und weicht einige Schritte zurück.

Da dies alle anderen Hunde in den tausend Spiegeln auch tun, beginnt er zu knurren, zieht die Lefzen hoch und zeigt wütend seine Zähne. Als er sich nun aber zu seinem Entsetzen dieser riesigen Zahl von wütenden, zähnefletschenden Hunden gegenübersieht, gerät er in heillose Verwirrung. Er beginnt sich zornig im Kreise zu drehen, was die Hunde in den Spiegeln natürlich ebenfalls tun. Und so dreht er sich immer schneller und schneller, bis er plötzlich tot umfällt.

Es stellt sich nun hier die Frage: Was wäre wohl geschehen, wenn dieser bedauernswerte Hund auch nur ein einziges Mal mit seinem Schwanz gewedelt hätte? Also meine lieben Freunde, hört auf herumzuknurren und wedelt lieber.

Ein indisches Sprichwort sagt: »Das Lächeln, das du aussendest, kehrt zu dir zurück.« Die Welt ist nämlich nur ein Spiegelbild unserer selbst, und es hat keinen Sinn, das Spiegelbild zu tadeln. Wir können das Bild der Welt nicht ändern. Wir müssen bei uns selbst beginnen, wenn wir eine freudige und friedliche Welt erleben wollen; dies ist ein unumstößliches geistiges Gesetz.

Voraussetzung jedoch zur inneren Bereitschaft, euer Herz für alle Wesen zu öffnen, ist die auf dem spirituellen Weg sich vollziehende selbstlose Hinwendung und mitfühlende Liebe zu allem Lebendigen. Doch dies kann nur durch die Überwindung eurer eigenen Konditionierungen geschehen, so dass ihr die Welt der Gegensätze übersteigt und die Wesensgleichheit mit allen Wesen erfahrt. Nur so findet ihr Frieden in euch selbst und setzt damit Liebe, Toleranz und Frieden in die Welt.

Ich habe schon des Öfteren gesagt: Solange du nicht wirklich lebst und die Freude des Seins wirklich atmest, mit jeder Pore deines Leibes ganz erlebst und fühlst, solange hängst du noch in der Illusion fest. Ich rede hier aber nicht von dieser äußeren Freude, die du nur hast, wenn es dir gut geht, wenn du zum Beispiel mit einer schönen Frau im Bett liegst oder dich in einer herrlichen Landschaft befindest oder wenn du ein gutes Essen vor dir stehen hast und sagst: »Ach, wie herrlich, wunderbar, was ist die Welt doch so schön.« – Nein!

»Jeder« Tag ist ein guter Tag, ruft uns Zen zu. Egal wo du bist, wo es auch sei. Überall und zu jeder Zeit offenbart sich dir die Fülle des göttlichen Seins. Und das bedeutet: Die Freude des Seins ist immer gegenwärtig, sie ist immer da – nur du bist nicht da.

Wenn du all deine Wichtigkeiten, die du im Kopf hast, und all das, was du meinst was du seist und was zu dir gehört, loslässt, dann stehst du in der grenzenlosen Freude des Seins.

Doch weil du allen möglichen nichtigen Dingen anhängst, erzeugst du ständig eine Vielzahl von Anhaftungen. Es erheben sich die verschiedensten Vorstellungen und die vielen Arten von Meinungen. Du bist so in den Ketten deiner Konditionierungen verfangen, dass es dir nicht mehr möglich ist, etwas Falsches zu sehen in dem, was du liebst und etwas Gutes zu sehen in dem, was du nicht liebst. Auf diese Weise kommen die verschiedensten Vorlieben und alle möglichen Ängste auf.

Ich gebe dir den guten Rat: »Lass alles, was es auch sei, so wie es ist.« Du lebst im Einklang mit der Welt, wenn du allen Dingen ihren natürlichen Lauf lässt. Stülpe nicht deine moralischen Vorstellungen, deine begrifflichen Fixierungen, deine Verhaltensmuster, diese ganzen Konditionierungen auf alles drauf was du wahrnimmst, sondern überlass alles seinem natürlichen Fluss.

Fließe einfach mit! Du gehst durch die Stadt, und es läuft eine schöne Frau an dir vorbei, die dir zulächelt, oder es torkelt ein Besoffener an dir vorbei, der dich anlabert und beschimpft. Alles ist gut, so wie es ist, denn alles ist das eine Meer des Seins. Die eine Welle ist ein bisschen runder, die andere ein bisschen gezackter, die eine hat mehr Schaumkronen obendrauf, die andere hat vielleicht mehr Wasserblasen. Aber alles ist das eine Meer. Alles ist vollkommen.

Sei eins mit der allumfassenden Ganzheit des Seins. Fixiere nicht, benenne nicht, beurteile nicht, sondern verweile im ursprünglichen Zustand des Geistes. Hör auf zu träumen und werde wach! Wach sein heißt: Frei sein von allen Konditionierungen. Diese Freiheit meint jedoch nicht eine äußere Befreiung von den Dingen, sondern von deiner falschen Betrachtungsweise und der Anhaftung an die Dinge. Zen-Meister Huang-po sagt:

> Der Nichtwissende meidet die äußere Welt, aber er enthält sich nicht der Gedanken an die Welt. Der Weise meidet nicht die äußere Welt, aber er enthält sich der Gedanken an die Welt.

Solange du dich noch bemühst, frei von den Dingen zu werden, drehst du dich nur im Kreis wie ein Hund mit gestutztem Schwanz, der versucht, sich in den

Schwanzstummel zu beißen. Er dreht sich und dreht sich, ohne Erfolg. Auch wenn du dich in deinem Leben noch so sehr bemühst, dich in dieser Weise von allen möglichen Dingen zu befreien, wirst du Geburt und Tod nicht transzendieren können.

Zen ist ein radikaler Einschnitt in euer ganzes spirituelles Leben, das heißt in das, was man allgemein als spirituelles Leben bezeichnet, denn es ist genaugenommen noch gar kein wirkliches spirituelles Leben. Aber im herkömmlichen Sinn wird es als spirituelles Leben bezeichnet.

Ihr bemüht euch in dieser Form und jener Form, durch Schriftstudium von Religion und Philosophie und so weiter. Aber in Wirklichkeit sind das alles nur leblose Leichname, ohne jedes Leben. Glaube, Dogmen, Philosophie, Theologie – nur Leichname. Ihr vergeudet euer Leben mit sinnlosen Mühen und versinkt dabei immer tiefer in dem Leidensmeer von Geburt und Tod.

Ihr alle lauft an geistigen Krücken. Ihr stützt euch auf allen möglichen Schwachsinn, nur weil ihr Angst habt ohne Hilfe zu gehen. Doch Zen fordert euch auf, eure Krücken wegzuwerfen.

Zen zerschlägt mit dem Schwert der »nicht-unterscheidenden Erkenntnis« mit einem Hieb diesen gordischen Knoten eurer geistigen Verwirrung. Das ganze Wahngebilde fällt auseinander, und die unendliche Weite des Einen Geistes strahlt auf. Genau das ist es, wodurch sich Zen von allen anderen religiösen Systemen und philosophischen Lehren unterscheidet.

Zen geht nicht her und beschneidet die kleinen Blättlein von einem Baum, um ihn zu entfernen. Ein Blättlein und noch ein Blättlein. Und da ist noch eins und noch eins und dann die kleinen Zweiglein und so weiter bis unten hin. Bevor man unten angelangt ist, ist oben alles schon wieder nachgewachsen, und du fängst wieder von vorn an. Dies ist nicht der Weg des Zen.

Zen schlägt mit dem Schwert der nicht-unterscheidenden Erkenntnis den ganzen Baum mit einem Hieb ab. Zack! Unten an den Wurzeln wird das ganze Wahngebilde abgehauen. Das ist es! Das ist der wahre Weg des Zen, der Weg der totalen Befreiung. Mit den Worten von Zen-Meister Huang-po:

> Der Geist ist von strahlender Klarheit erfüllt, darum werft die Dunkelheit eurer alten, toten Begriffe fort. Befreit euch von allem!

Jetzt werdet ihr vielleicht einwenden: »Wo soll ich denn da anfangen mit dieser totalen Befreiung? Vielleicht fang ich erst einmal mit meinem Auto an. Na ja, eigentlich brauche ich ja nicht so ein großes Auto zu fahren, ein kleineres tut es bestimmt auch.« Und dann lasst ihr dieses und jenes folgen. Aber das ist genau dieses falsche Prinzip, von dem ich eben gesprochen habe.

Das ist genau so ein Unterfangen, als ob ihr jetzt den Baum beseitigen wolltet, indem ihr oben zu schneiden anfangt, bei den allerobersten Blättchen. Doch ihr könnt euer ganzes Problem nur loswerden, indem ihr euch selbst loswerdet, das heißt – der auslösende Faktor muss beseitigt werden. Und der auslösende Faktor ist das »Ego«. Das Ego ist die Folgeerscheinung der drei Kleshas, der drei Grundirrtümer: Gier, Hass und Verblendung, das heißt: Begehren, Aggression und Nichtwissen. In ihrem Zusammenwirken bilden die drei Kleshas den Wahn einer für sich bestehenden Persönlichkeit. Aber dies ist alles nur ein Gaukelspiel ohne jede Wirklichkeit.

Wie lange wollt ihr es noch spielen, dieses Spiel? Warum nicht aufwachen? Jetzt! Dieser Augenblick ist die beste Gelegenheit. Es gibt keine andere, und es gibt keine bessere als »Jetzt«.

Der große Zen-Weg ist kein Weg für kleine Geister. Warum warten? Warum sagen: »Heute hat der Meister wieder wunderbar gesprochen, und ich bin der Sache schon wieder ein bisschen näher gekommen, manches leuchtet mir besser ein, und irgendwann ... «

Nix irgendwann! Es gibt kein Irgendwann. Vergangenheit und Zukunft sind nichts anderes als Gedanken, die im gegenwärtigen Moment im Geist erscheinen. Die Erfahrung von Zeit ist demzufolge nichts anderes als Denken, und »alles Denken ist eine irrtümliche Meinung«, und somit ist Zeit nichtexistent. Es gibt nur ein »Jetzt« und sonst gibt es gar nichts.

Gerade in diesem Augenblick zeigt sich dein ursprüngliches Angesicht – nichts könnte näher sein. Lass dich jetzt darauf ein! Einen anderen Weg gibt es nicht.

Persönliches Erleben ist alles im Zen. Es gibt keinen anderen Weg, als dass ihr zu eurem wahren Sein erwacht. Werdet wach! Hört auf zu träumen und in dem Sandkasten eurer Konditionierungen herumzuspielen! Hört auf, die Dinge nur durch die Schablone eurer begrifflichen Fixierungen, eurer gesellschaftlichen und moralischen Vorstellungen zu betrachten und zu sagen, das ist gut und das ist nicht gut, das ist richtig und das ist falsch! Auf diese Weise werdet ihr nie ein Ende finden. Zen kann niemals zum Gegenstand logischer Erklärungen gemacht werden. Dies machten die alten chinesischen Zen-Meister ihren Schülern auf ganz besondere Weise klar:

> Meister Yün-men betrat die Lehrhalle und sagte: »Gibt es hier jemanden, der imstande ist, mir eine Frage zu stellen? Na los, her mit einer Frage!«
> Ein Mönch trat vor, verbeugte sich und sagte: »Bitte, Meister, stellt mich mal auf die Probe!«
> Der Meister sagte: »Da warf ich eine Angel aus, um einen Riesenfisch zu fangen. Doch was habe ich da? Einen Frosch!«
> Der Mönch sagte: »Täuscht euch nicht, Meister!«
> Der Meister sagte: »Da hast du den Mund zu voll genommen, meinst du nicht?«
> Der Mönch wusste keine Antwort.
> Da schlug ihn der Meister mit seinem Stock.

Betrüge dich nicht selbst mit deinem Vertrauen auf verstandesmäßige Erkenntnis. Suche nicht im Da und Dort nach der Wahrheit. Es ist allein notwendig, sich des unterscheidenden, begrifflichen Denkens zu enthalten. Also lass alles, so wie es ist, und alles ist gut! Das ist der Weg des augenblicklichen Erfassens der Wahrheit.

Zen fordert dich dazu auf, alles zu lassen, wie es ist. Und dazu brauchst du gar nichts tun. Zen ist nicht eine Sache des Tuns, sondern eine Sache des Lassens.

Das ist es! Lass alles los, befreie dich von allem, was es auch sei, und die Wirklichkeit deines wahren Wesens wird sich offenbaren. Denn das, was du in jedem Augenblick ständig vor dir hast, ist der grenzenlose Eine Geist in all seiner Vollkommenheit.

Diesen Einen Geist, der allgegenwärtig ist und der hell leuchtend durch alles hindurchstrahlt, gilt es zu erfahren, nur darauf kommt es an. Er ist die alleinige Wirklichkeit, es gibt nichts außer ihm. Dieser Geist, der ohne Anfang ist, ist ungeboren und unzerstörbar. Über die Wirklichkeit des Einen Geistes sagt Huang-po:

> Dieser reine Geist, die Quelle von allem, scheint für immer und auf alle mit dem Glanz seiner eigenen Vollendung. Aber die Menschen in der Welt werden dessen nicht gewahr, da sie nur das für Geist halten, was sieht, hört, fühlt und weiß. Durch ihr eigenes Sehen, Hören, Fühlen und Wissen geblendet, erkennen sie nicht die geistige Herrlichkeit der Quellsubstanz.
> Doch würden sie endlich alles begriffliche Denken in einem Augenblick abwerfen, dann würde sich diese Quellsubstanz manifestieren wie die Sonne, die in der Leere aufsteigt und das ganze Weltall ohne Hindernis oder Schranken erleuchtet.

Alles – alle Lebewesen, alle Dinge – alles, was es auch sei, ist dieses Buddha-Wesen, in der Erscheinungsweise dessen, als was es dem reflektiven wahrnehmenden Bewusstsein erscheint. Denn »alles ist der Eine Geist, neben dem nichts anderes existiert«. Aber das Nichtwissen, eure geistige Verblendung, verursacht auf dieser so-seienden Wirklichkeit des Einen Geistes eine unendliche Vielzahl von Gedankenwellen.

Diese Gedankenwellen manifestieren sich zu den vielfältigen Formen einer scheinbaren äußeren Erscheinungswelt, die ihr dann für die Wirklichkeit haltet und euch darin verstrickt. Und so erkennt ihr nicht, dass die Welt, so wie ihr sie wahrnehmt, eure eigene Projektion ist. Sie ist nichts weiter als eine Projektion des unterscheidenden Bewusstseins von Annehmen und Verwerfen. Die Welt, die ihr erlebt, wird somit nur aufgrund von Dualität wahrgenommen.

Alles, was dir begegnet, ohne Ausnahme, ist in Wahrheit der Eine Geist in all seiner Vollkommenheit. Es gibt nichts außer ihm! Dies bezieht sich auf die schöne Frau, die an dir vorbeigeht und dich anlächelt. Das bezieht sich auch auf den Betrunkenen, der an dir vorbeitorkelt und dich laut grölend beschimpft.

Alles ist die allumfassende Ganzheit des göttlichen Seins in ihrer ganzen Vollkommenheit. Und alles Unvollkommene, das heißt was du als unvollkommen wahrnimmst, ist nichts anderes als deine eigene Projektion.

Du projizierst deine Wertinhalte, stülpst sie auf das Wahrgenommene drauf und meinst, dies sei das Ding, was du wahrnimmst. Aber das ist es nicht.

Alles, was du wahrnimmst, solange du im Traum des Samsara, im Traum der Maya, verweilst, ist deine eigene Projektion – und somit nur Schein ohne jedes Sein. Denn das Sein ist das, was sein Sein aus sich selbst hat – da gibt es keinen Anfang, und da gibt es kein Ende. Da gibt es weder Geburt noch Altern,

Verzweiflung, Krankheit, Schmerz und Tod. Da gibt es nur das »Nicht-Aussagbare«. »MU – Nichts!«, und nichts weiter. Und alles andere, was es auch sei, ist deine eigene Projektion.

Jede Unterscheidung von gut und böse, von heilig und gewöhnlich ist Folgeerscheinung deines Nichtwissens. »Offene Weite, nichts von heilig.« Dies ist die Antwort, die Bodhidharma dem Kaiser Wu von Liang gab, als dieser ihn fragte: »Was ist das Heiligste in der Welt?« Hier fällt mir auch gleich das folgende schöne Mondo mit Zen-Meister Joshu ein:

> Ein Mönch fragte: »Was bedeutet das: heilig zu sein?«
> Joshu antwortete: »Einen Berg Scheiße in einer klaren Ebene zu versenken.«
> Der völlig verdutzte Mönch bat: »Bitte, Meister, erläutert das.«
> Joshu rief: »Hör auf, mein Hirn zu ficken.«

Hör auf zu projizieren und befreie dich von deiner Gewohnheit der begrenzten, dualistischen Betrachtung. Das Nicht-Aussagbare jenseits aller Worte und aller Unterscheidung ist dein ursprüngliches Angesicht vor deiner Geburt.

Du musst alles hinter dir lassen: Buddha, Erleuchtung, Dharma, Zen oder was es auch immer sei. Alle diese Begriffe sind nichts weiter als leere Worthülsen ohne jeden Wert. Solange du noch an Worten festhängst, kannst du niemals zur unmittelbaren Erfahrung deines wahren Wesens gelangen.

> Ein Zen-Mönch fragte seinen Meister: »Kannst du mir den Weg zeigen, ohne gesprochene Worte zu gebrauchen?«
> Darauf antwortete der Meister: »Frage mich, ohne gesprochene Worte zu gebrauchen.«

Zen verlangt von dir, alles, was es auch sei, zu verneinen, und letztlich auch noch diese Verneinung zu übersteigen. Denn solange in dir noch die kleinste Spur von Verneinung oder Bejahung vorhanden ist, bist du noch tausend Meilen von der Wahrheit des Zen entfernt. Wer seinen Mund öffnet, um zu bejahen oder zu verneinen, ist verloren. Er steht außerhalb des Zen, mit den Worten von Zen-Meister Bassui (14. Jh.):

> Was du auch sagen magst, ist falsch. Und wenn du nichts sagst, ist es gleichermaßen falsch.

Zen-Meister I-tuan sagte in einer seiner Darlegungen:

> »Reden ist Entweihung, Schweigen ist Irreführung. Jenseits von Schweigen und Reden führt ein Weg hinauf, doch mein Mund ist nicht groß genug, um ihn euch zu weisen.«
> Mit diesen Worten erhob er sich und verließ seinen hohen Sitz.

Es gibt nur ein radikales hier und jetzt Sich-Lösen und Einlassen auf den ursprünglichen Zustand des Geistes. Doch wenn du die vollkommene Verwirklichung erreichst, dann wirst du nur dieses allgegenwärtige

Buddha-Wesen erfahren, das all die Zeit, ohne Unterbrechung, als der stille Beobachter hinter allen Erfahrungen bei dir war. Das, was stets Grundlage deiner Erfahrung ist – das reine Bewusstsein hinter allen Erfahrungen –, war stets bei dir, doch du warst nicht bei dir selbst. Wie Meister Eckhart sagt: »Gott ist drin, doch du bist draußen.«

Du wirst in dieser Dimension des Bewusstseins, in dieser hellklaren Bewusstheit, erkennen, dass all das, was du vorher erreicht hast auf deinem ganzen geistigen Weg, nur eine Anhäufung von leeren Hüllen war. Du hast mit leeren Hüllen gespielt, aber das Wesentliche selbst, das hast du nicht erfahren, du bist der Sache nicht nähergekommen.

Du kannst tun, was du willst; du kannst alle Philosophien studieren und dich noch so viel auseinandersetzen mit Zen-Schriften, Koans und Mondos. Aber in deinem Herzen bleibst du doch leblos wie ein Leichnam.

Dein wahres Selbst kannst du nicht durch Bücher und Gelehrsamkeit finden, weil es jenseits aller Worte – jenseits des Denkens liegt. Du kannst sämtliche heiligen Schriften studieren und auswendig im Kopf haben und sämtliche Kommentare dazu kennen. In dem Augenblick, wenn du plötzlich zur strahlenden Wirklichkeit des Geistes erwachst, wirst du erfahren, dass dies alles nichts weiter war als Spreu, ohne jeden weiteren Wert.

Dies alles ist nur leerer Schein und hat mit der Sache selbst, mit der Wirklichkeit, so wie sie ist, nicht das Geringste zu tun. Überhaupt nichts! Wenn du wirklich deinem Gefangensein in dem Kreislauf von Geburt und Tod ein Ende setzen willst, musst du alles, was du je in deinem Geist hochgehalten hast, wegwerfen. Dann bist du frei, auch wenn du dich inmitten von Geburt und Tod bewegst. Nichts und niemand kann dich mehr beschränken, und du kommst und gehst durch Geburt und Tod wie durch ein offenes Tor.

Also, warum noch weiterhin zögern? Warum dieses ständige Kommen und Gehen, so dass ich euch jedes Mal, wenn ihr hierher kommt, immer wieder fragen muss: »Wer hat denn heute wieder diesen Leichnam für dich hierher geschleppt?« – diese ganze tote Ansammlung von Erinnerungsgeflechten, Verhaltensmustern und Denkmodellen. Deshalb begrüße ich euch ja auch manchmal mit den Worten: »Ich freue mich sehr, dass jeder Einzelne heute so zahlreich erschienen ist.«

Eine ähnliche Situation finden wir bei dem alten Joshu bei der Begrüßung seiner Schüler:

> Joshu ging zum Rednerpult, stand dort eine Weile und fragte: »Sind alle angekommen?«
> Ein Mönch antwortete: »Sie sind alle hier.«
> Joshu meinte: »Lasst uns noch auf einen warten und dann mit dem Vortrag beginnen.«
> Der Mönch sagte: »Ich bitte, dem Meister sagen zu dürfen, dass niemand mehr erwartet wird.«
> Joshu erwiderte: »Es ist schwer, einen Wirklichen zu finden.«

Lass alles los, was es auch sei, und die Wirklichkeit deines wahren Seins, die stets gegenwärtig ist, wird aufstrahlen hunderttausendmal heller als die Sonne und mit ihrem Licht das ganze Universum erleuchten.

8

Ein Donnerschlag bei klarem blauen Himmel

MU MU MU MU MU
MU MU MU MU MU
MU MU MU MU MU
MU MU MU MU MU

ZEN-MEISTER MUMON (13. JH.)

Dieses Gedicht, im Versmaß von fünf Schriftzeichen, stammt von dem chinesischen Zen-Meister Mumon aus dem 13. Jahrhundert. Es ist ein wundervolles Zen-Gedicht von ungeheurer Aussagekraft. Zen-Meister Mumon schreibt zwanzigmal hintereinander das Schriftzeichen MU auf.

Was soll man davon halten? Liegt darin vielleicht ein tieferer Sinn, oder will er uns nur zum Narren halten? Er hätte ja auch nur einmal MU sagen können. Dass er dieses MU im Versmaß von fünf Schriftzeichen aufschrieb, ist alles andere als ein zenistischer Witz.

Das chinesische Schriftzeichen »MU« heißt übersetzt: »Nichts«, und Mumons Absicht war, uns dieses Nichts ganz fest mit dem glühenden Siegel des Buddha-Geistes in das Herz hineinzubrennen. MU! MU! MU! MU! MU! Absolut nichts – absolut tot sein! Stirb, und sei ganz tot! Dann tu, was immer du willst, alles ist gut!

Das Koan MU geht auf den chinesischen Zen-Meister Joshu zurück. Es ist das in der Praxis des Zen am häufigsten angewandte Koan, denn es birgt in sich eine sehr große Kraft zur Transformation des Geistes. Wir wollen uns jetzt dieses wunderbare Koan vom alten Meister Joshu mit seinem MU anschauen:

> Ein Zen-Mönch fragt Zen-Meister Joshu:
> »Hat ein Hund Buddha-Natur?«
> Joshu antwortet: »MU!«

Meister Joshus Antwort lautet ganz einfach: »MU«, »Nichts« – das soll jedoch nicht heißen, dass ein Hund die Buddha-Natur nicht habe. Joshu wusste natürlich genauso gut wie der Mönch, dass alle Wesen, ohne Ausnahme, die Buddha-Natur haben, deshalb dürfen wir Joshus MU keinesfalls als Verneinung auffassen.

Es ging ihm nur darum, den Mönch davon abzubringen, durch rationales Denken die Wahrheit des Zen verstehen zu wollen. Er sollte vielmehr nach einem höheren, »jenseits von Bejahung und Verneinung« stehenden Erfassen jener Wirklichkeit streben, in der sich alle Widersprüche von selbst lösen.

Joshus MU ist weder ein Ja noch ein Nein. Es ist eine alogische Antwort, die den Gegensatz von Ja und Nein übersteigt und unmittelbar auf die Buddha-Natur – auf die absolute Wirklichkeit jenseits aller Unterscheidung – hinweist.

Joshus eigene Erfahrung der Buddha-Natur findet hier in seinem MU ihren schöpferischen Ausdruck und weist mit Macht auf die unvergleichliche Erleuchtung hin, zu der ihr nur gelangen könnt, wenn ihr euer unterscheidendes Denken hinter euch lasst.

Erst wenn man hierzu bereit ist und sich in den Abgrund des »Großen Zweifels« stürzt, wird sich die Fülle des göttlichen Nichts offenbaren.

Wer hierzu nicht bereit ist und glaubt, mit verstandesmäßigen Überlegungen das Koan MU lösen zu können, wird sich nur im Kreis drehen und MU keinen Fußbreit Boden abgewinnen. Diejenigen, die sich an Worte und Redensarten klammern, MU verstandesmäßig deuten und so versuchen, es zu verstehen, können mit einem Narren verglichen werden, der versucht, den Mond mit einem Stock zu schlagen.

Die alten Meister sagten: »Der Versuch, MU auf rationale Weise lösen zu wollen, kommt dem Versuch gleich, mit der Faust eine eiserne Wand durchstoßen zu wollen.«

Was ist nun aber der tiefere Sinn von Joshus MU? Die Antwort kann nur lauten: »Alles, was ich darüber aussagen könnte, würde das Wesentliche verfehlen«, oder mit den Worten Huang-pos: »Alles begriffliche Denken ist eine irrtümliche Meinung.« Warum also eine Diskussion auf falschen Begriffen aufbauen?

Wer das Verlangen hat, das Koan, das heißt das Problem von MU zu lösen, dem bleibt nichts anderes übrig, als sich mit seinem ganzen Sein in das MU hineinzubohren, bis er völlig damit eins geworden ist. Zen-Meister Mumon gibt uns in seinem Kommentar zu Joshus MU folgenden Rat:

> Bei der Praxis des Zen muss die von den alten Meistern errichtete Sperre durchbrochen werden. Man muss deshalb das unterscheidende Denken

vollkommen auslöschen, wenn man Erleuchtung erlangen will. Nun sagt mir: Was ist die von den alten Meistern errichtete Sperre?
Es ist nichts anderes als eben dieses »MU«, das ist die Schranke des Zen. Daher wird es das »torlose Tor« des Zen genannt.
Wer diese Schranke überwunden hat, wird nicht nur deutlich Joshu von Angesicht zu Angesicht sehen, sondern er kann auch Hand in Hand gehen mit allen Meistern der Vergangenheit. Mit den Augenbrauen einander berührend, sieht er mit dem gleichen Auge, mit dem sie sehen, und hört mit dem gleichen Ohr, mit dem sie hören. Wäre das nicht wundervoll? Wer wünschte nicht, durch diese wundervolle Schranke zu gehen?
Sammelt eure ganze Kraft auf dieses »MU« und gebt euch ihm Tag und Nacht mit ganzem Herzen hin! Wenn ihr ohne Unterlass in dieser Weise fortfahrt, wird euer Geist plötzlich strahlend hell werden wie eine brennende Kerze, die das ganze Universum erleuchtet.

Am Schluss dieses eingehenden Kommentars zu Joshus MU fügte Mumon noch ein kurzes Gedicht hinzu, um MU nochmals zum Ausdruck zu bringen. Es ist sehr direkt und trifft das Wesentliche:

Hund! Buddha-Natur!
Die Wahrheit zeigt sich deutlich.
Ein Augenblick von Ja und Nein
und Leib und Leben sind verloren.

Zen-Meister Mumon sagt hier auf sehr eindringliche Weise, wie man in der Praxis des Zen mit dem Koan MU vorgehen soll. Sein Kommentar entstammt dem von ihm verfassten Mumonkan, einer der bedeutendsten Sammlungen von Koans.

Sechs Jahre lang übte Mumon eifrig mit dem Koan MU, und eines Tages, als im Kloster die große Trommel geschlagen wurde, um die Mittagszeit anzuzeigen, erfuhr er urplötzlich die »Große Erleuchtung«. Die Intensität dieser Erleuchtungserfahrung drücken die folgenden Verse aus, die er unmittelbar nach diesem Erlebnis niederschrieb:

Ein Donnerschlag bei klarem blauen Himmel! Alle
Wesen auf Erden haben ihre Augen geöffnet.
Alles unter der Sonne hat sich sogleich verneigt, und
der Berg Sumeru springt auf und tanzt.

»Ein Donnerschlag bei klarem blauen Himmel!« Der klare blaue Himmel ist der klare leere Zustand des Geistes. Wenn der Geist leer und klar ist, ohne Gedanken und Begriffe, dann offenbart sich euer wahres Angesicht vor eurer Geburt. Im Avatamsaka-Sutra heißt es:

Willst du in den Bereich der Erleuchteten eintreten, dann solltest du deinen Geist klar wie den leeren Raum machen.
Löse dich von allen persönlichen Anschauungen und von allem Festhalten, so dass dein Geist vollkommen frei ist, wohin er sich auch wendet.

Wenn ihr euren verselbständigten Denkzwang zum Stillstand gebracht habt, werdet ihr auch nicht mehr die geringste Spur von Anhaftung und Karma schaffen. Dann werdet ihr schon in diesem Leben zur vollkommenen Freiheit gelangen. Ihr braucht wirklich nur das begriffliche Denken aufzugeben, dann habt ihr alles erreicht.

Wenn ich hier vom Aufgeben des begrifflichen Denkens rede, dann meinen vielleicht manche, sie müssten jetzt das Denken unterdrücken und dürften keine Gedanken mehr zulassen. Aber das ist ein gewaltiger Irrtum und völlig absurd.

Es geht hier einzig und allein um die Befreiung vom »Denkzwang«. Da, wo das Denken seinen praktischen Wert besitzt, ist es natürlich notwendig, sich seiner zu bedienen. Wo es sich aber verselbständigt und zum Zwang wird, muss man ihm jedoch Einhalt gebieten. Die Unfähigkeit, euer Denken anzuhalten, ist eine schlimme Krankheit. Ihr könnt das jedoch nicht nachvollziehen und haltet euren Zustand für normal, weil fast jeder unter dieser Krankheit leidet.

Durch euren verselbständigten Denkzwang lebt ihr in einem Zustand der Getrenntheit inmitten einer Welt voller Probleme und Konflikte. Es ist wie bei dem Hund im Spiegelsaal. Alles was er sieht sind seine eigenen Projektionen, auf die er voller Aggression und Angst reagiert.

Du bist so mit deinem Verstand identifiziert, dass du nicht einmal erkennst, dass er dich zu seinem Sklaven macht. Weil du mit dem Verstand identifiziert bist, leitest du dein Selbstgefühl vom Verstand ab und fürchtest, dass es dich nicht mehr gibt, wenn du aufhörst zu denken.

Diesen selbstgezeugten Teufelskreis zu durchbrechen durch Verwirklichung der geistigen Klarschau, ist das Anliegen des Zen.

Zen ist keine Sache des unterscheidenden Denkens. Es ist keine Sache intellektueller Spekulation, sondern »reine Erfahrung« und somit eine Sache der inneren Erkenntnis. Zen ist nicht eine Religion unter vielen anderen, sondern – Grundlage aller Religionen.

Zen öffnet das Auge des Menschen für das große Mysterium seiner universellen Wesensnatur. Es öffnet den Zugang zum unendlichen inneren Raum, der sich uns in seiner überräumlichen Unendlichkeit und zeitlosen Ewigkeit offenbart. Wenn die Bezeichnung »radikal empirisch« auf irgendetwas zutrifft, dann mit Sicherheit auf Zen. Denn Zen ist in jeder Hinsicht eine reine Sache der absoluten Erfahrung. Dies zeigt uns auch die folgende Begebenheit:

> Als der chinesische Zen-Meister Ting eines Tages eine Brücke überquerte, begegneten ihm drei hohe buddhistische Gelehrte.
> Einer der Gelehrten wollte Meister Tings Zen-Verständnis prüfen und fragte ihn: »Der Fluss ist tief, und sein Grund muss ausgelotet werden. Was bedeutet das?«
> Kaum hatte der Fragesteller ausgesprochen, packte ihn Meister Ting mit beiden Händen und war drauf und dran, ihn von der Brücke zu stoßen. Doch die beiden anderen Gelehrten fielen ihm in die Arme und baten ihn, ihren Freund loszulassen. Ting ließ den Gelehrten daraufhin los und sagte:

»Hättet ihr mich nicht zurückgehalten, ich hätte ihn den Grund des Flusses selbst ausloten lassen.«

Die höchste Wahrheit ist jenseits aller Worte und Begriffe, jenseits aller Vorstellungen, allen Erwägens, allen Annehmens und Verwerfens, aller Spekulationen, jenseits aller Hoffnungen und Befürchtungen. Sie ist jenseits von allem.

Solange du die Wahrheit mit dem Verstand suchst, kannst du nicht darüber hinausgehen. Um darüber hinauszugehen, musst du dich vom Verstand mit seiner ganzen Ansammlung von intellektuellem Sperrmüll befreien. Und deshalb gibt es für dich nur einen einzigen Weg, die Wahrheit zu erfahren, und der ist:

Befreie dich von allem, was es auch sei, und die grenzenlose Weite des Einen Geistes offenbart sich dir als der Donnerschlag bei klarem blauen Himmel! Es ist »der Donner der Stille«, der das ganze Universum erschüttert. Der Schleier der Maya, der die Sicht der Wahrnehmung deines ursprünglichen wahren Seins Inkarnationen lang verhindert hat, zerreißt von oben an bis unten durch und gibt das Allerheiligste, das dahinter verborgen war, frei.

Das Allerheiligste ist der strahlende eine Selbst-Geist, es ist diese eine Wirklichkeit, neben der nichts anderes existiert. Dein Auge der Erleuchtung ist mit einem Schlag geöffnet, und du siehst zum ersten Mal die Wirklichkeit, so wie sie ist.

Der Berg Sumeru springt auf und tanzt.

»He?« Ein Berg springt auf und tanzt – was heißt das? Im Buddhismus ist der Berg Sumeru die Mitte, das Zentrum des Universums. Und ich sage euch, dieses Zentrum ist zugleich die Mitte eures Seins und somit die allumfassende Ganzheit, die alles in sich beschlossen hält.

Der Berg Sumeru ist alles – er ist das Ganze. Er ist euer wahres Selbst, die grenzenlose Wirklichkeit des göttlichen Seins. Altern, Verzweiflung, Krankheit, Schmerz und Tod, Kommen und Gehen, Vielheit und Einheit – der ganze Traum eines Seins und eines Nichtseins löst sich auf, und »der Berg Sumeru springt auf und tanzt«.

Ich bin der Berg Sumeru! Und ihr seid der Berg Sumeru! Es gibt keinen anderen Berg Sumeru. Wir sind der Berg Sumeru, denn es existiert nichts anderes als das wahre Selbst. In dem Augenblick, wenn ihr aus dem Traum von Ich und Welt und Raum und Zeit erwacht, gibt es nichts anderes mehr außer eurem ursprünglichen Angesicht vor der Geburt.

Alle Wesen auf Erden haben ihre Augen geöffnet.
Alles unter der Sonne hat sich sogleich verneigt.

Alles ist ein allumfassendes Ganzes, das alles in sich beschlossen hält. Ich bin du und du bist ich, in unserem Selbst umfangen wir das All. Bin ich befreit, dann sind alle Wesen befreit.

In der grenzenlosen Erleuchtung offenbart sich dir die ganze Welt als eine wunderbare Ansammlung von herrlich leuchtenden Märchenblumen. Doch die meisten

Buddhisten sehen das ganz anders. Sie interpretieren das Bodhisattva-Gelöbnis, das in den buddhistischen Klöstern täglich rezitiert wird: »Ich gelobe, meine Befreiung so lange zurückzustellen, bis alle Lebewesen befreit sind«, vollkommen entgegengesetzt. Sie halten sich in ihrer dualistischen, begrenzten Sichtweise am äußeren Wortlaut fest und meinen, das sei wahres Bodhisattva-Bewusstsein.

Dies ist jedoch eine vollkommen falsche, sehr begrenzte Vorstellung. Denn wenn man die evolutionäre Entwicklung aller Mikroorganismen, dieser kleinsten Lebewesen, noch milliarden und abermilliarden Inkarnationen lang abwarten müsste, bis sie zu menschlichen Wesen herangereift und schließlich befreit sind – dann ist die Erleuchtung nichts weiter als ein Wunschtraum. Auf diese Weise hängst du auf ewig im Kreislauf von Geburt und Tod fest und wirst niemals zur Befreiung gelangen.

Aber »alles ist der Eine Geist, neben dem nichts anderes existiert«. Alles ist das Eine, und das Eine ist alles. Und dies bedeutet, wie es im Lankavatara-Sutra heißt: »Buddha liebt alle Lebewesen, weil es keine Lebewesen gibt.«

Es gibt in Wirklichkeit keine Geburt und keinen Tod. Es gibt kein Kommen und kein Gehen, kein Gefangensein im Samsara und keine Befreiung. In Wahrheit gibt es nichts zu erlangen und nichts zu erreichen. Mit den Worten von Zen-Meister Huang-po:

> Es gibt nur ein geheimnisvolles schweigendes Verstehen und nichts anderes. – Plötzlich der

Tatsache gewahr werden, dass der eigene Geist Buddha ist und nichts zu erreichen, keine einzige Handlung zu vollbringen ist, das ist die höchste Wahrheit. Wer dies begreift, ist ein Buddha.

Jetzt kommen wir wieder zurück auf die Erleuchtungs-Gatha von Zen-Meister Mumon:

Alle Wesen auf Erden haben ihre Augen geöffnet.
Alles unter der Sonne hat sich sogleich verneigt.

»Alle Wesen auf Erden haben ihre Augen geöffnet«, wenn dein geistiges Auge geöffnet ist. Meister Eckhart sagt deshalb: »Das Auge, in dem ich Gott sehe, und das Auge, in dem Gott mich sieht, das ist ein Auge, ein Sehen, ein Erkennen und ein einziges Lieben.«

Da gibt es keine Vielheit mehr, keine anderen Augen, kein anderes Sehen, da gibt es nur noch »ein« Sehen. »Alle Wesen auf Erden haben ihre Augen geöffnet« – alle sind befreit. Denn alles ist der Eine Geist, neben dem nichts anderes existiert. Der Sehende, das Sehen und das Gesehene sind eins. Ich bin du und du bist ich – wer mich sieht, sieht uns. In unserem Selbst umfangen wir das All.

»Alles unter der Sonne hat sich sogleich verneigt.« Alles ist das Eine, und das Eine ist alles. Es gibt keine Vielheit und somit kein Kommen und kein Gehen, keine Vergangenheit, keine Gegenwart und keine Zukunft. Nichts – MU! Es gibt nur eine unendliche, allumfassende, grenzenlose Freude des Seins – ein überseiendes göttliches Nicht-Sein – jenseits jeder

Möglichkeit einer begrifflichen Benennung. Dieses ist das ursprüngliche Angesicht vor eurer Geburt. »Alles, was ich darüber aussagen könnte, würde das Wesentliche verfehlen.« Und jetzt, ... (Zensho hebt seinen Stock hoch und schweigt.) ... hört ihr es?

(kurzes Schweigen)

Das ist das wahre Wort, das ist der Donner der Stille! Könntet ihr es hören, dieses Wort, im Grunde eures Seins, in der absoluten Mitte des Hier und Jetzt, dann bräuchte ich nichts mehr zu sagen und könnte schweigen. Hierzu eine Zen-Geschichte:

In einem alten chinesischen Zen-Kloster der Tang-Dynastie waren die Mönche sehr verzweifelt. Schon seit vielen Wochen hatte der Meister keinen Dharma-Vortrag mehr gehalten. Der Meister hatte sich in seine Behausung zurückgezogen und hüllte sich in Schweigen. Die Mönche palaverten aufgeregt und fragten sich, was wohl der Grund sei, dass sie keine Belehrung mehr erhielten. Schließlich versammelten sich die Mönchsältesten und suchten gemeinsam das Zimmer des alten Meisters auf.

Einer erhob das Wort und sagte: »Ehrwürdiger Meister, die Mönche sind alle sehr beunruhigt im Kloster.«

»Warum? Was liegt an?«, fragte der Meister.

»Weil ihr keinen Vortrag mehr haltet. Alle möchten gerne wieder einmal eine geistige Belehrung haben, einen richtigen Dharma-Vortrag.«

»So, wenn's weiter nichts ist. Läutet die große Glocke!

Sie sollen sich alle einfinden in der Dharma-Halle.«

Die große Glocke wurde geläutet, und es war ein Rufen und ein Rennen, alle Mönche stürmten aufgeregt in die Dharma-Halle. Erwartungsvoll harrten sie auf den großen Augenblick, in dem der Meister die Dharma-Halle betritt. Endlich war es so weit. Der Meister betrat die Halle, schritt hinauf zum Dharma-Pult und nahm Platz auf dem hohen Sitz. Nach einer Weile des Schweigens erhob er seine Stimme und sagte:

»Liebe Mönche, liebe Versammlung. Es gibt hochgelehrte Philosophen, die viele dicke Bücher schreiben über den Buddhismus und über das Zen. Dann gibt es Kommentatoren, die zu diesen Schriften sehr lange Kommentare verfassen. Und dann gibt es sogenannte Lehrer, die diese Kommentare kommentieren. Ich aber bin ein Zen-Meister und möchte euch bitten, dies zu berücksichtigen!« Mit diesen Worten erhob sich der Meister und verließ die Halle.

Welch ein phantastischer Dharma-Vortrag! Großartig! Einen besseren Vortrag kann man nicht halten. Ähnlich erging es den Mönchen bei Zen-Meister Huang-po:

Einst ging die Kunde durch das Land, dieser Großmeister des Zen wolle einen großen öffentlichen Dharma-Vortrag halten und alle Mönche der benachbarten Klöster seien eingeladen. Von überall her kamen die Mönche, von nah und fern, mit Booten, mit dem Floß, auf Eseln, zu Pferd und zu Fuß.

Natürlich, viele sind auch auf Kühen geritten. Wichtig zu bemerken! Eine unerlässliche Feststellung.

»Auf Kühen geritten!!!« Irgendwann werdet ihr vielleicht erfahren, warum ich so besonderen Wert auf Kühe lege. Wer das versteht, den Bezug der Kuh zum Zen, der ... Aber wir wollen bei der Sache bleiben. Immer wenn ich von der »Kuhologie« rede, besteht die Gefahr, dass ich abschweife.

Also, die Kunde ging durch das Land, und sie kamen von überall her. Die Dharma-Halle und der Klosterhof fassten kaum diese große Anzahl von Zuhörern.

Dann kam der große Augenblick. Die Glocke wurde geläutet, und Zen-Meister Huang-po betrat die Dharma-Halle und nahm auf dem hohen Sitz platz. Nach einer Weile des Schweigens erhob er seine Stimme und sprach:

> Der Besitz vieler Arten von Kenntnissen lässt sich nicht mit dem Aufgeben der Suche nach irgendetwas vergleichen. Dies ist das Beste aller Dinge! Es gibt keine verschiedenen Arten von Geist, und es gibt auch keine Lehre, die in Worte gefasst werden kann. Und da nichts weiter zu sagen ist, ist die Versammlung geschlossen!

Nach diesen eindrucksvollen Worten stieg der Meister vom hohen Sitz herab und verließ die Dharma-Halle.

Also, meine lieben Freunde. Alles, was ich darüber aussagen könnte, würde das Wesentliche verfehlen. Und da nichts weiter zu sagen ist, ist hiermit auch unsere heutige Versammlung geschlossen.

9

Sieh die Dinge wie sie sind

Heute habe ich euch überhaupt nichts Besonderes zu sagen – nicht ein Wort. Denn wenn ich auch nur ein einziges Wort sage, besteht die Gefahr, dass ihr euch daran festhaltet.

Ihr schaut das Wort an, ihr definiert es und setzt es in Bezug zu euren vorausgegangenen Erfahrungen. Auf diese Weise filtert ihr es durch den Filter eurer alten Konditionierungen, Verhaltensmuster und Denkmodelle, das heißt durch das ganze Erinnerungsgeflecht einer toten Vergangenheit, womit ihr euch identifiziert. Was dann zum Schluss dabei herauskommt, hat mit der Sache selbst, mit dem, was ich sagte, nichts mehr zu tun. Und so ist es besser, dass ich schweige.

(kurzes Schweigen)

Und doch sage ich ein Wort, trotz dieser Gefahr. Ich sage das Wort: MU! MU heißt im Zen »Nichts«. Und schon haltet ihr euch am Nichts fest. Jedes Wort bewirkt, dass sich eure Gedanken erheben. Und wenn die Gedanken sich erheben, erheben sich alle Dinge.

Ein Wort, ein Gedanke und ein weiterer Gedanke, und schon erheben sich alle Probleme und somit eine Vielzahl von Gefühlen. Doch wenn die Gefühle sich erheben, geht die geistige Klarschau verloren, und ihr erzeugt so eure dualistische, vielheitliche Welt der

Unterscheidung. Und so bewegt ihr euch in einer Welt eurer selbstgeschaffenen Projektionen. Ihr bewegt euch in einer Welt der Freude oder in einer Welt des Leidens, in einer Welt des Streites oder in einer Welt des Friedens, je nachdem, was ihr selbst erzeugt.

Die geistige Verfassung, in der ihr euch jeweils befindet, entspricht genau den Gedanken und Emotionen, die ihr gerade hervorbringt. Der deutsche Mystiker Jakob Böhme (17. Jh.) beschreibt die Situation mit den Worten:

> Es ist dir nichts näher als Paradies und Hölle – zu welchem du geneigt bist und hinwirbst, dem bist du am nächsten. Du hast beides in dir.

In was wir begehren, werden wir verwandelt. Dies ist das unumstößliche karmische Gesetz von Ursache und Wirkung. Stell dir vor: Du fühlst dich wohl, du bist zufrieden, und es fehlt dir nicht das Geringste.

Plötzlich taucht ohne ersichtlichen Grund eine Erinnerung auf, von der du dich nicht mehr lösen kannst. Es entstehen Gedankenassoziationen, die eine Folge von Gefühlsimpulsen bewirken, und schon bist du depressiv, wehmütig oder voller Aggression. Du bist in deiner selbstgeschaffenen Hölle. Aber äußerlich hat sich gar nichts verändert, es geschieht alles nur in dir selbst. Du selbst projizierst die Welt, die du erlebst.

Durch dein unterscheidendes, begriffliches Denken erheben sich deine selbstgezeugten Dämonen, mitsamt dem ganzen Höllenbereich von Gier, Hass und Verblendung. Aber diese Dämonen sind keine wirklichen stofflichen Wesen. Vielmehr sind es konditionierte und somit negative Gedankenassoziationen, die sich verselbständigt haben. Sie sind vom »Ich-Wahn« hervorgebracht und haben keine eigene, vom Geist unabhängige Existenz. Wer das wirklich klar zu erkennen vermag, der verwandelt seine inneren Dämonen in das reine hellklare Gewahrsein des Geistes.

Der Teufel des Ich-Wahns ist es, der dich daran hindert Befreiung zu finden. Aber nicht nur das offensichtlich Negative, sondern auch liebgewonnene, gütige Freunde und Lebensgefährten können Teufel, das heißt: negative Kräfte sein, wenn es um die Freiheit des Geistes geht.

Solange du deine Ich-Verhaftung nicht abgeschnitten hast, werden die inneren Dämonen weiterhin ihr Unwesen treiben. Glaubt mir, es gibt keinen größeren Teufel als das Sich-Festklammern an der Wahnvorstellung von einem Ich.

»Das wahre Buddha-Wesen ist geheimnisvoll friedvolle Freude und nichts anderes«, sagt Huang-po. Und dies ist deine wahre Natur. Und im Viveka-Chudamani, der wesentlichen Schrift des Vedanta, heißt es: »Du bist Brahman, reines Bewusstsein, der Zuschauer aller Erfahrungen, dein wahres Wesen ist Freude.«

In den Upanishaden, den heiligen Schriften der Inder, lesen wir: »Brahman, die reine göttliche Wirklichkeit, ist Sat-Chit-Ananda« – absolutes Sein, absolutes Bewusstsein und absolute Glückseligkeit. Das ist dein wahres Sein. Alles andere sind Überdeckungen, das heißt deine eigenen Wahnvorstellungen als projizierte Wünsche und Ängste. Dies zeigt das folgende Beispiel:

Du gehst abends einen Waldweg entlang. Plötzlich siehst du eine Schlange auf dem Weg und rennst entsetzt davon. Morgens gehst du den selben Weg und siehst – ach, da liegt ja nur ein Seil!

Deine Angst projiziert auf das am Boden liegende Seil eine Schlange. Auf diese Weise projizieren die Samskaras, deine karmischen Triebkräfte, ständig immer wieder diese Wahnvorstellung einer äußeren Erscheinungswelt mit einer Vielfalt von Erscheinungen und Ereignissen. Doch das ist alles nur deine eigene Projektion, denn in Wahrheit existiert nichts anderes als die Wirklichkeit des Einen Geistes. Diese Wirklichkeit ist stets gegenwärtig, und somit ist sie das absolute »Jetzt«. (Zensho stößt mit dem Stock auf den Boden auf!!!)

Wie ihr eben gehört habt, ist dieses Jetzt auch das Hier. Dieser Knall, wenn ich mit dem Stock auf den Boden schlage, der ist nicht da und ist nicht dort. In dem Augenblick, wenn er ertönt, kannst du nicht mehr da oder dort sein. Das ist es! Das ist der Donnerschlag des unmittelbaren Gewahrseins, hier-jetzt! Es ist das Schwert des Bodhisattvas Manjushri, das mit einem Schlag den Wirrwarr eurer Wahnvorstellungen zerschlägt.

All das, was euch eure Probleme im täglichen Leben bereitet, hat mit einer negativen Außenwelt, mit der Unvollkommenheit der Welt, nicht das Geringste zu tun. Hört auf, in den äußeren Ereignissen die Ursache für euer Leiden zu suchen! Die Ursache für euer Leiden liegt in Wirklichkeit bei euch selbst.

Alles, was euch geschieht, alles, was euch begegnet, habt ihr selbst verursacht, es sind eure eigenen Projektionen und nichts weiter. Und darin unterscheidet sich die Erfahrung einer dreidimensionalen Welt, wie ihr sie täglich erlebt, durch nichts, aber auch durch gar nichts von jener Erfahrung einer Welt, wie ihr sie des Nachts im Traum erlebt. Alles, was ihr erlebt in diesem »Weltentraum«, diese ganze Kulisse, die Landschaft, die Lebewesen, die ganzen Probleme, Freud und Leid, Kommen und Gehen, Geburt und Tod, alles, was es auch sei, alles projiziert ihr selbst.

Deshalb heißt es im Mahayana-Samparigraha, einem Grundriss der buddhistischen Mahayana-Lehre aus dem vierten Jahrhundert:

> Das Prinzip der »Nur-Geist-Lehre« kann veranschaulicht werden durch einen Vergleich mit dem Traum und dem Träumer. Solange man noch nicht Erleuchtung erlangt hat und zur wahren Weisheit erwacht ist, entspricht die Situation vollkommen jener, in der das Träumen nicht erkannt wird, weil man noch träumt.
> Solange man aus dem Traum des Samsara (dem Kreislauf von Geburt und Tod) noch nicht erwacht ist, kann man die tiefe Wahrheit der »Nur-Geist-Lehre« nicht wirklich verstehen.

Hier-Jetzt! Das ist die absolute Wirklichkeit, das wahre Angesicht vor eurer Geburt. Es ist euer wahres Sein, die Wirklichkeit des Einen Geistes. Dieser Eine Geist ist jedoch der »Nicht-Geist«. Nicht-Geist bedeutet »wahrer, leerer Geist«. Der wahre, leere Geist liegt jenseits des Denkens, und dies ist nichts anderes als Shunyata, Leere. Im Mahaprajnaparamita-Hridaya-Sutra, dem

Herzens-Sutra von der Vollkommenheit der Erkenntnis, das täglich in den Zen-Klöstern rezitiert wird, heißt es: »Form ist Leere, und Leere ist Form.«

Form, das heißt jedes Ding, das ihr wahrnehmt. Alles, ob rund, ob eckig, ob groß, ob klein, ob bunt, ob schwarz oder weiß – alles was Inhalt eurer Erfahrung werden kann, ist leer.

Leer bedeutet ohne Eigensubstanz, es hat aus sich selbst heraus kein Eigensein. Dies bezieht sich demzufolge auch auf die sechs Sinne: Sehen, Hören, Riechen, Tasten, Schmecken und Denken. All dies ist »leer«. Und wenn dies alles leer ist, dann ist das, was aus dem Zusammenwirken dieses Sinnenspiels hervorgeht, nichts weiter als ein Gaukelspiel ohne jede Wirklichkeit. Wenn das Bedingende keine Wirklichkeit hat, hat das Bedingte, das Bewirkte, genauso wenig Wirklichkeit.

Also, das Problem eures Gefangenseins in einer dreidimensionalen Welt kann niemals gelöst werden durch das Aufknüpfen irgendwelcher einzelner kleiner Knötchen an dem gordischen Knoten eurer geistigen Verwirrung, den ihr schon seit vielen Inkarnationen so mühevoll zusammengeknüpft habt. Da gibt es nur eine einzige Lösung, und die ist, mit dem Schwert des Manjushri, des Bodhisattvas der nicht-unterscheidenden Weisheit, diesen gordischen Knoten mit einem Schlag auseinanderzuschlagen.

Ein blitzschneller Hieb mit dem scharfen Schwert der nicht-unterscheidenden Klarschau und du bist frei. Ein Hieb, und deine hunderttausend Probleme und Sorgen, deine ganzen Wahnvorstellungen des dualistischen, unterscheidenden Denkens fallen auseinander.

So sagt auch der chinesische Zen-Meister Hsüeh-tou:

> Wo das Schwert der Weisheit herniedersaust, verlieren Sonne und Mond ihr Leuchten, und Himmel und Erde verlieren ihre Farbe.
> Durch diese Erfahrung platzen die Wänste der Teufel, und es öffnet sich dir das Auge der transzendenten Weisheit.

Niemand ist mehr da, der leidet, und niemand, der Leiden verursacht. Denn wenn niemand Leiden verursacht, dann ist auch niemand mehr da, der leidet. Wenn du niemanden projizierst, der dich angreift, der auf dich einstürmt und dich bedroht, brauchst du auch keinen Feind zu bekämpfen.

Wir kennen ja alle Don Quichote, diese etwas verstaubte adelige Gestalt, die sich berufen fühlt, als edler Ritter in die Welt zu ziehen, um sie von allem Bösen zu befreien. Er reitet los, und überall sieht er Feinde. Da sind zum Beispiel die Windmühlen; er reitet mit der Lanze darauf los, weil er glaubt, es seien böse Riesen. Und er kämpft gegen sie, bis er zum Schluss halb tot und mit zerfetzten Kleidern am Boden liegt.

Ihr kämpft ständig gegen eure eigenen Projektionen. So wie ihr im Traum gegen eure selbstprojizierten Traumbilder kämpft oder davor flieht, so ist es auch im Samsara, dem Kreislauf von Geburt und Tod. Diese ganze äußere Welt, die ihr erlebt, hat keine Wirklichkeit aus sich selbst, denn sie ist nur eure eigene Projektion. Samsara ist eine kreisförmige Bewegung, der Kreislauf von Geburt, Altern, Verzweiflung, Krankheit, Schmerz und Tod. Aus diesem Grund spricht man im Buddhismus auch vom Bhava-Chakra, dem Lebensrad.

In der buddhistischen Ikonographie begegnen wir häufig dem Lebensrad des Pratitya-Samutpada, dem Kreislauf des abhängigen Entstehens. In der Mitte des Rades befinden sich als Nabe die drei Kleshas: Gier, Hass und Verblendung. Es sind die drei Grundübel, die Antriebskräfte für diesen ganzen Hokuspokus, den das menschliche Bewusstsein erzeugt. Sie werden dargestellt durch einen Hahn, eine Schlange und ein Schwein. Der Hahn steht für Gier, die Schlange für Hass und das Schwein, das mit seiner Schnauze im Schlamm herumwühlt, für Nichtwissen.

Durch das Nichtwissen – das Nichterkennen der trügerischen Natur aller Erscheinungen – projiziert ihr alle möglichen Vorstellungen. Auf diese projizierten Vorstellungen reagiert ihr dann mit Annehmen und Ablehnung. Sowie sich etwas euren selbstprojizierten Objekten des Begehrens in den Weg stellt, reagiert ihr auf diesen Störfaktor mit Aggression und Ablehnung.

Auf diese Weise verwandelt sich die Gier in Hass, bedingt durch die geistige Verblendung. Und so bewegt sich dieses Lebensrad des Bhava-Chakra durch die Antriebskraft der drei Kleshas immer weiter.

Ihr könnt aus dieser Situation nicht herauskommen, indem ihr meint, einzelne Probleme lösen zu können. Indem ihr vielleicht glaubt, durch die Mittel der Psychotherapie die Vergangenheit zu untersuchen und anhand der Ergebnisse Aufschluss über eure gegenwärtige Situation zu erlangen. Alles, was da analysiert wird, ist Traumereignis, und der Prozess des Analysierens ebenso.

Es gibt keinen anderen Weg zur Befreiung, als herauszusterben aus diesem selbstgezimmerten Kerker einer Ego-Verpanzerung.

»Stirb, noch ehe du stirbst, damit du nicht verdirbst, wenn du stirbst«, sagt der christliche Mystiker Angelus Silesius. Dies ist der einzige Weg. Heraussterben, das heißt: aufwachen aus dem ego-gezeugten Traum des Samsara. Werdet ganz zu Nichts – »MU« – und ihr seid wach! Dies ist das Überschreiten von Leben und Tod und somit das Übersteigen jeglicher Dualität, von jedem Annehmen und Verwerfen, richtig oder falsch.

»Dein wahres Wesen ist geheimnisvoll friedvolle Freude und nichts anderes«, sagt Huang-po. Phantastisch, wunderbar! Was gibt es da zu wehklagen? Was gibt es da zu jammern? Was gibt es da zu suchen? Wem oder was jagt ihr nach, ihr Traumtänzer? »Jetzt«, in dieser Stille zwischen den Worten dieses Vortrags, wenn du nichts projizierst, kannst du es wahrnehmen, dein wahres göttliches Selbst – das mit seinem Licht das ganze Universum erleuchtet.

Vergiss dich selbst! Jetzt, in diesem Augenblick – und die Erleuchtung ist da. Meister Eckhart sagt: »Dort wo du dich findest, da lass dich!« Dieses Lassen ist aber keine Sache des Tuns. Vielmehr ist es eine Sache des Entspannens und sich Vergessens. Es bedarf keiner besonderen Anstrengung. Es ist einfach nur ein Hineinfallen in deine eigene Tiefe. Der Wassertropfen fällt in das Meer und löst sich darin auf.

Da ihr aber so an eure Traumprojektion gewöhnt seid, ist es leider so weit mit euch gekommen, dass ihr dieses Erwachen zu eurem wahren Sein schon gar nicht mehr für möglich haltet. Ihr kommt hierher und hört euch an, was ich hier so sage, und denkt: »Schön wär's ja, wenn ich es erfahren würde.« Doch ihr vergesst dabei ganz, dass ich hier nichts anderes tue, als nur ständig einen großen Spiegel vor euch hinzuhalten, der die Wirklichkeit eures wahren Selbst-Seins widerspiegelt.

Ich lass mich niemals auf eure psychotischen Ego-Spiele ein, auch wenn ihr immer wieder versucht, mich in euer Traumgespinst hineinzuziehen. Doch euch zuliebe, um euch zu helfen, gehe ich manchmal zum Schein mit hinein in euren Traum, und wenn wir dann so schön zusammen träumen, rufe ich plötzlich: »MUUUUU!!!«

Dies ist dann die große Gelegenheit für euch, aus dem Traum aufzuwachen. Denn ihr seid in dem Traum drin und seid darin gefangen. Doch ich bin wach und vollkommen frei und spiele nur mit in eurem Traum, aber ich bin nicht wirklich in dem Traum. Und ich sage euch noch etwas: Ich bin als Meister überhaupt nicht vorhanden!

Der Meister, den ihr wahrnehmt, ist die Widerspiegelung eures wahren Selbst. Es ist die göttliche Gnade, die sich euch als »Licht in der Finsternis«, durch den Schleier der Maya hindurch, zeigt, um euch aus eurem Traum zu erwecken.

Wäret ihr nicht aus dem Zustand eures ursprünglichen Seins herausgegangen, sondern bei euch selbst geblieben, dann wäre es nicht so weit gekommen mit euch, dass ihr heute zu mir kommt und darauf hofft, dass ich euch die Wahrheit offenbare, aber ich will euch nicht im Ungewissen lassen. Ich möchte euch heute die höchste Wahrheit offenbaren. Glaubt mir, es ist heute ein ganz besonderer Tag! Ihr werdet die Wahrheit erfahren ... und die Wahrheit ist: – Heute ist der 23. und morgen ist der 24. und gestern war der 22., und deshalb sage ich: ...

(kurzes Schweigen)

Wieder eine große Gelegenheit! Meine lieben Freunde, ich meine es wirklich sehr gut mit euch. Besser, als ihr es mit euch selbst meinen könnt. Denn ich lass mich nicht täuschen von euren ganzen Identifikationen, von all dem, wofür ihr euch selbst haltet.

Ich schaue euch direkt ins Herz und sehe den wahren Buddha, den vollkommen Erwachten. Tat Tvam Asi – das bist du selbst. Du bist ich und ich bin du – in unserem Selbst umfangen wir das All. Wer mich sieht, sieht uns. Alles ist der Eine Geist, neben dem nichts anderes existiert.

Vergesst niemals, dass alle äußeren und inneren Schwierigkeiten, die ihr täglich habt, eure eigenen Projektionen sind – ohne jede Wirklichkeit. Wenn ihr das nicht versteht, ist euer Leben ein einziges Unglück. So wie Reichtum noch mehr Reichtum anzieht, so zieht auch Unglück noch mehr Unglück an. Da du der ideale Träger bist, wird dir das Unglück von überallher zufliegen. Deshalb gebe ich euch den dringenden Rat: Bleibt immer bei euch selbst, wo ihr auch seid.

Wenn ihr wirklich bei euch selbst bleibt, im Gewahrsein des Geistes, was soll euch dann noch gefährden, da es keine Vielheit gibt? Wer soll euch gefährden oder schaden, da es keine voneinander getrennten Lebewesen gibt?

Darum heißt es im Lankavatara-Sutra: »Buddha liebt alle Lebewesen, weil es keine Lebewesen gibt.« Es gibt wirklich nur das eine allumfassende Ganze, diese eine multidimensionale Wirklichkeit und sonst nichts.

Nehmt das Schwert der nicht-unterscheidenden Weisheit und zerschlagt alles, was es auch sei! Befreit euch von all euren liebgewonnenen Vorstellungen! Sei es Christentum, Hinduismus oder Buddhismus oder was auch immer.

Befreit euch von allen aufgepfropften Idealen und macht euch frei von der Last alter Illusionen! Seien es eure ganzen Vorstellungen von Nirvana, von Erleuchtung, sei es die ganze Welt, was es auch sei.

Zen ist vollkommen frei und duldet keine Anlehnung an irgendetwas – nicht einmal an den Buddha. Und so sagt auch Zen-Meister Lin-chi:

> Räume jedes Hindernis aus dem Weg. Wenn dir der Buddha begegnet, dann töte den Buddha! Nur so wirst du die Erlösung erlangen, nur so den Ketten entfliehen und frei werden.

Zerschlagt alles mit dem Schwert der Erkenntnis, tötet alles und der Traum eines Samsara, eines Kreislaufs von Geburt und Tod, ist vorbei! Ihr wacht auf, und das Licht des Einen Geistes strahlt auf, und ihr erfahrt in einem Nun, dass alles so ist, wie es ist – Tathata, die so-seiende Wirklichkeit des Einen Geistes.

Solange das Universum besteht, hat sich noch nicht ein einziges Staubkorn bewegt.

10

Sei jetzt hier!

Den heutigen Schülern fehlt das Selbst-Vertrauen,
sie sollten nicht außerhalb suchen.
Solange ihr euch nur an den Aussagen der alten Meister festhaltet, werdet ihr nie zwischen Echt und Falsch unterscheiden können.

ZEN-MEISTER LIN-CHI (9. JH.)

Die alten chinesischen Zen-Meister sind großartig, sie sind wunderbar, genial. Ihre erleuchteten Worte offenbaren die tiefe Wahrheit des Zen und sind von unschätzbarem Wert. Aber ihr dürft dabei nicht vergessen, dass die Wahrheit, nach der ihr in den Schriften, den Aussagen der alten Meister, sucht, nichts anderes ist als euer eigenes Sein.

Ihr sucht etwas, was ihr selbst seid – auch wenn ihr es tragischerweise vergessen habt und nicht mehr wisst, wer und was ihr seid. Deshalb die einführenden Worte von Zen-Meister Lin-chi:

Den heutigen Schülern fehlt das Selbst-Vertrauen,
sie sollten nicht außerhalb suchen.

Der chinesische Zen-Meister Fen-yang (11. Jh.) sagt:

Nur die Allerwenigsten glauben, dass ihr eigener Geist Buddha ist. Die meisten nehmen dies nicht ernst und leben deshalb unter Zwängen. Sie sind umringt von Einbildungen, Begierden, Hass und anderen Plagen, weil sie einfach die Höhle der Unwissenheit lieben.

Jeder von euch hat seine ganz besondere Perspektive, sein ganz bestimmtes Verstehen dessen, was er an geistigen Schriften studiert, was er liest oder hört. Doch das sind immer nur sehr begrenzte Blickwinkel. Alle vom Verstand konstruierten Theorien und Schlussfolgerungen sind immer begrenzt und falsch. Sie sind an das unterscheidende, begriffliche Denken und seine engen Grenzen gebunden.

Der Verstand kann nicht frei sein von vorgefassten Meinungen, weil er selbst nur aus vorgefassten Meinungen besteht. Der Gebrauch begrifflicher Logik zum Verstehen der Wahrheit ist in den Augen des Zen nichts weiter als Unwissenheit. Sich auf sein unterscheidendes, begriffliches Denken zu verlassen bedeutet, das innere Licht daran zu hindern, sich zu entfalten.

Alles, was das Denken auch immer zu leisten vermag, ist zwangsläufig naiv, egozentrisch und kann nur einen oberflächlichen und zeitbedingten Wert haben. Und so ist es mit all den verschiedenen Philosophien und Religionen. Sie sind alle nur sehr »begrenzte Blickwinkel« der unaussagbaren Wirklichkeit, aber niemals die Wahrheit selbst. Hierzu eine alte indische Geschichte:

Fünf Blinde begegnen einem Elefantentreiber, der auf einem Elefanten sitzt. Sie fragen ihn: »Wir sind blind und haben deshalb noch nie einen Elefanten gesehen.

Dürfen wir den Elefanten einmal anfassen, damit wir wissen, wie er aussieht?«

»Ja, meinetwegen«, sagt der Elefantentreiber.

Der Erste fasst den Rüssel an und sagt: »Oh, das hätte ich nicht gedacht, der Elefant sieht ja aus wie ein dicker Schlauch!«

Der Zweite fasst das Ohr an und sagt: »Du irrst dich, der Elefant sieht aus wie ein großer Fächer!«

Der Dritte fasst den Schwanz an und sagt: »Nein, der Elefant sieht aus wie ein dünnes Seil!«

Der Vierte fasst das Bein an und sagt: »Vollkommen falsch, denn der Elefant sieht aus wie ein Baumstumpf!«

Der Fünfte schließlich fasst dem Elefanten an den Bauch und sagt: »Ihr habt alle unrecht. Der Elefant sieht nämlich aus wie eine große Tonne!«

Da sagt der Elefantentreiber: »Keiner von euch hat recht. Jeder hat nur einen Teil des Ganzen erfasst, aber wie der Elefant wirklich aussieht, hat keiner von euch erkannt.«

So sind alle Aussagen der verschiedenen Religionen und Philosophien zu verstehen. Nur wenn ihr selbst eintaucht – unmittelbar, direkt hineinspringt in den Ozean der Weisheit, in den grenzenlosen Ozean des Einen Geistes – dann wisst ihr, was die Wahrheit ist. Willst du wissen, was Wasser ist? Trinke es – oder spring hinein in das Wasser! Dies ist der Weg des Zen.

Zen gibt keine philosophischen Erklärungen ab. Zen sagt: Wenn du wissen willst, wie Tee schmeckt – dann trinke Tee! Willst du wissen, wie ein Apfel schmeckt?

Dann beiß hinein in den Apfel! Und du weißt: So ist es. Das ist reines Zen.

Zen ist immer unmittelbar und direkt. Stets weist es mit äußerstem Nachdruck auf das eigene Herz, ohne sich in das Rankengewirr von Konventionen und Begriffen zu verstricken. Es ist frei, und ohne diese Freiheit verliert es seine Spontanität und Frische und ist nur noch eine tote und leere Hülle ohne Leben.

Zen verweist stets auf die reine nackte Wahrheit. Es hält sich nicht auf mit äußerlichem, schöngeistigen Geplänkel oder mit irgendwelchen gehirnakrobatischen Spekulationen. In Worten ist es nicht aussagbar. Es hat nichts zu tun mit frommem Gehabe und der Ansammlung von intellektuellem Sperrmüll. Zen heißt: »sich versenken« – sich versenken in das Eine. Dieses Eine ist die Wirklichkeit, von der Huang-po sagt:

> Alle Buddhas und alle lebenden Wesen sind nichts anderes als der Eine Geist, neben dem nichts anderes existiert.

Dieser kleine Beisatz, » ... neben dem nichts anderes existiert«, ist sehr wesentlich. Denn der Eine Geist ist die allerfüllende Ganzheit alles vermeintlich Vielheitlichen. Alle Wellen auf der Oberfläche des Meeres sind das Meer selbst. Die Wellenbewegungen, die unterschiedlichen Wellenformen, die vielen Schaumkronen und die Wasserblasen obendrauf, all das in seiner unendlichen Vielfalt von Kommen und Gehen ist das eine Meer.

Jede vielheitliche Wahrnehmung ist bedingt durch die Fehlwahrnehmung eures dualistischen Bewusstseins, woraus die Wahnvorstellung einer Pseudo-Individualität resultiert. Dieses Pseudo-Individuum, das Ego, ist keine Wesenheit und hat kein wirkliches Sein.

Das Ego hat kein Sein aus sich selbst, sondern ist nur ein Prozess. Es ist ein Prozess in Form von Identifikationen mit den Erinnerungen einer toten Vergangenheit, mit alten Verhaltensmustern und allen möglichen Vorstellungen und Denkgewohnheiten. Doch das seid ihr nicht. Das hat mit dem, was ihr im Grunde eures Seins wirklich seid, nicht das Allergeringste zu tun.

In eurer geistigen Verblendung glaubt ihr aber, das zu sein, und ihr seid auch davon überzeugt, dass alle anderen das sind. Weiterhin glaubt ihr, dass die äußere Welt so ist, wie ihr sie mit euren Sinnen wahrnehmt.

In Wahrheit nehmt ihr jedoch nur scheinbar mit den Sinnesorganen etwas Äußeres wahr, denn Raum ist nur eine Projektion des Bewusstseins. Ihr glaubt zwar, euch in einer dreidimensionalen Welt von Raum und Zeit zu bewegen, in Wirklichkeit bewegt sich aber nur der Geist.

Der Geist ist die Grundlage von allem, alles findet nur im Geist statt. Da demzufolge die Vorausbedingungen einer äußeren Wahrnehmung fehlen, ist jede äußere Wahrnehmung somit nur ein innerer, rein mentaler Prozess. Im Lankavatara-Sutra, einer der bedeutendsten Schriften des Mahayana-Buddhismus heißt es:

> Was außen zu sein scheint, existiert in Wirklichkeit nicht; es ist tatsächlich nur der Geist, der in der Vielfältigkeit erblickt wird. Körper, Besitz und Welt – sie alle sind nichts als Geist.

Alles, was wir in der Welt wahrnehmen, auch die scheinbare Festigkeit der Substanz, ist demnach nichts anderes als die illusorische Vorstellung des Geistes.

Alles ist nur Geist – es gibt kein Innen und kein Außen. Ihr schaut in Wirklichkeit auf die raum-zeitlose Dimension des Geistes, aber erkennt sie nicht, weil sie überlagert ist von den karmischen Triebkräften.

Die karmischen Triebkräfte sind dieser ganze Prozess der Identifikation, der Anhaftung und Vervielheitlichung, den ich eben angeführt habe. Und das alles haltet ihr dann für die Welt und sagt: »Das ist unsere Welt, in der wir leben. In dieser Leidenswelt von Geburt, Altern, Verzweiflung, Krankheit, Schmerz und Tod sind wir gefangen. Wie kommen wir da nur wieder raus?«

Dabei seid ihr gar nicht gefangen. Euer Gefangensein ist nur ein Gedanke. Ihr habt ein Gedankenspiel entfacht, ein Traumgebilde, ein Maya-Gewebe. Ihr habt euch selbst darin gefangen und kommt nicht mehr heraus.

Da aber alles nur ein Gedanken-Gewebe ist, kann das Herauskommen nichts anderes sein als der Schlag mit dem Schwert der nicht-unterscheidenden Erkenntnis auf den gordischen Knoten eurer geistigen Verwirrung – und das Problem ist gelöst. Oder besser: Das Problem ist weder gelöst noch nicht gelöst – weil es gar kein Problem gab. Alles war nur Illusion!

Was fehlt euch also? Das einzige, was euch fehlt, ist das Vertrauen in euer wahres Selbst. Da ihr kein Vertrauen habt, sucht ihr die Wahrheit, die in euch ist, im Außen. Deshalb sagt Lin-chi im Vorspruch:

Den heutigen Schülern fehlt das Selbst-Vertrauen,
sie sollten nicht außerhalb suchen.
Solange ihr euch nur an den Aussagen der alten Meister festhaltet, werdet ihr nie zwischen Echt und Falsch unterscheiden können.

Es ist hier dieses unumstößliche Vertrauen in eure eigene immanente göttliche Wirklichkeit gemeint. Es ist der feste Glaube, der zu jener absoluten Gewissheit heranreift, dass es so ist, wie die erleuchteten Meister, die Erwachten aller Zeiten und Zonen verkündeten.

Die Worte der Meister sind Finger, die auf den Mond weisen. Der Mond ist die Wirklichkeit, der Finger ist nur der Hinweis. Doch ihr studiert den Finger und hängt an ihm fest. Ihr studiert die verschiedenen Lehrsysteme, Philosophien und Religionen und meint, das sei die Wahrheit. Aber das ist alles nur wertloser Plunder, intellektueller Sperrmüll – Nichts! Der Mond ist die Wahrheit und nicht der Finger. Das dürft ihr niemals vergessen. Deshalb sagt Zen-Meister Yang-shan (9. Jh.):

Ich erläutere euch Dinge, die mit der Erleuchtung in Zusammenhang stehen, doch versucht nicht, euren Geist dabei verweilen zu lassen.
Wendet euch dem Ozean eures eigenen Wesens zu und bringt euch in Übereinstimmung mit seiner wahren Natur.

Das Leuchten des Selbst-Geistes hinter allen Spekulationen und Wahrnehmungen, hinter der scheinbaren Außenwelt – das ist die Wirklichkeit, die ihr sucht!

Dies ist der wahre Zustand des unbegrenzten, überweltlichen Einen Geistes. Alles andere ist Illusion. Darum: Lasst alles hinter euch! »Lasst die Toten ihre Toten begraben« und überantwortet euch ganz dem göttlichen Sein! Nur das ist der Weg zur Befreiung! Zen-Meister Lin-chi sagt:

> Ein rechter Mann diskutiert weder über den Herrscher noch die Rebellen, weder über richtig noch falsch, noch über Schönheit oder Reichtum. Er verbringt seine Tage nicht mit Diskussionen über leere Worte.

Das heißt: der wahre Mensch des Zen lässt die Dinge, wie sie sind. Die politischen Gegebenheiten einer Weltsituation beunruhigen ihn genauso wenig wie alle anderen Dinge, die für den erdgebundenen Durchschnittsmenschen von unabdinglicher Wichtigkeit sind.

Der wahre Mensch des Zen unterscheidet nicht zwischen richtig und falsch und interessiert sich nicht für Reichtum und Besitz; all dies sind Dinge, die keinerlei Bedeutung für ihn haben. Das alles sind nur Widerspiegelungen eurer Ängste und Wünsche – Widerspiegelungen von Annehmen und Verwerfen als Folgeerscheinung eurer geistigen Verblendung.

Die Widerspiegelungen einer vielheitlichen Welt mit ihrer ganzen Problematik sind nichts weiter als Überlagerungen über die Wirklichkeit des Selbst-Geistes. Wie wollt ihr euch davon befreien? Ihr könnt euch nicht befreien, indem ihr im Da und Dort sucht. (Zensho stößt mit dem Stock auf den Boden auf!!!)

Das ist es! Hier ist alles. »Jetzt« in diesem Augenblick ertönt der Donnerschlag bei klarem blauen Himmel. Wer sich auf dieses Hier und Jetzt ganz einlässt, der schaut sein wahres Angesicht vor seiner Geburt – das geburt- und todlose Selbst-Sein.

Der Begriff »Hier und Jetzt« ist jedoch auf dem heutigen esoterischen Rummelmarkt zu einem abgedroschenen Schlagwort geworden. In fast jedem Buch der »esoterischen Welle« stößt man auf den Begriff »Hier und Jetzt«. Seien es die Schriften der westlichen modernen Erfolgs-Gurus, oder sei es in den Büchern und Workshops der Psychologen und Therapeuten. Jeder spricht vom »Hier und Jetzt«.

Doch wenn ihr wirklich versteht, auf was es ankommt im Zen, dann werdet ihr erkennen, dass dieses ganze esoterische »Hier-und-Jetzt-Gerede« reiner Blödsinn ist und mit dem Hier und Jetzt des Zen nicht das Geringste zu tun hat. Es ist so, wie ich immer sage: »Esoterik ist nur etwas für Dummköpfe.«

Hier ist Jetzt! Und das ist die Ewigkeit. Ihr seid immer in der Ewigkeit, auch wenn es euch nicht bewusst ist. Euer Denken erschafft die Vorstellung von Zeitlichkeit. Doch reine Bewusstheit, »jetzt-hier«, ist jenseits aller Veränderung. In der absoluten Gegenwart des Hier und Jetzt offenbart sich das Ewige.

11

Das ewige Tao

Das aussagbare Tao ist nicht das ewige Tao.
Der nennbare Name ist nicht der ewige Name.
Das Namenlose ist der Anfang von Himmel und Erde.
Das Namen-Habende ist die Mutter
der abertausend Wesen.
Darum:
Beständiges Nicht-Begehren schaut das Geheimste.
Beständiges Begehren schaut nur das Begrenzte.

LAO-TSE (6. JH. V. CHR.)

Lao-tse war einer der bedeutendsten Meister Chinas und wird als der Urvater des Taoismus verehrt. Sein Buch, das Tao Te King, »das heilige Buch vom Tao«, gilt als das Grundlagenwerk des Taoismus. Der Text, über den wir heute reden wollen, entstammt diesem Buch, und er steht gleich am Anfang seines ersten Kapitels. Er beginnt mit den Worten:

Das aussagbare Tao ist nicht das ewige Tao.
Der nennbare Name ist nicht der ewige Name.

Alles, was aussagbar ist, gehört zu den Dingen der Existenz und Nichtexistenz, zu den Kategorien des Seins und des Nichtseins. Welche Namen und Umschreibungen ihr dem unvorstellbaren und somit unaussagbaren Urgrund allen Seins auch gebt, es sind doch nur eure eigenen, begrenzten Vorstellungen und Bilder vom Tao, aber niemals das Tao selbst.

Tao ist unfassbar und undefinierbar, denn definieren bedeutet Grenzen setzen. Es ist ein Begriff für etwas, was sich jeder Begrifflichkeit entzieht. Alle Bemühungen, das Tao in begriffliche Formen zu zwängen, kommen dem Versuch gleich, den Himmel mit einem Netz einfangen zu wollen. »Das Nichtbezweifeln von Worten ist eine schlimme Krankheit«, heißt es im Zen.

Alles Denken ist eine irrtümliche Meinung, und was dabei herauskommt sind alles nur leere Begriffe. Doch das Ewige liegt dahinter und erleuchtet mit seinem strahlenden Licht das ganze Universum. Es ist das, was immer ist, war und sein wird. Doch das »aussagbare« Tao, das heißt die begriffliche Fixierung der unaussagbaren Wirklichkeit, ist immer nur ein Schatten, eine willkürliche begriffliche Benennung. Deshalb sagt der christliche Mystiker Meister Eckhart:

> Alles, was man von Gott aussagen kann, das ist Gott ganz und gar nicht. Was Gott in sich selbst ist, dazu kann niemand gelangen, der nicht in ein Licht entrückt wird, das Gott selber ist.

Sage ich Gott, sage ich Buddha oder das Absolute, was es auch sei – jede Aussage verfehlt das Wesentliche. Sie hat mit dem, was jenseits all dessen liegt, was Sinne und Verstand zu fassen vermögen, nicht das Geringste zu tun. Alle eure Bemühungen, den Einen Geist, neben dem nichts anderes existiert, in begriffliche Formen zwängen zu wollen, sind vollkommen sinnlos.

Der Eine Geist ist unfassbar und undefinierbar. Jede Definition begrenzt das Unaussagbare auf eine dualistische, begrenzte Sichtweise. Definieren besteht darin, etwas auf bestimmte festgelegte Grenzen einzuschränken. Demzufolge kann es nur eng, begrenzt und somit alles andere ausschließend sein.

Jedes Bemühen des unterscheidenden Verstandes, etwas verstehen zu wollen, muss seiner Natur entsprechend einschränkend und begrenzend sein. Angesichts dieser beklagenswerten Natur des Verstandes darf es uns nicht wundern, dass sich die reine Wahrheit des Zen jedem intellektuellen Zugriff entzieht. Die für den Verstand unfassbare Natur des Zen wird im folgenden Beispiel klar veranschaulicht:

> Ein Mönch fragte Zen-Meister Yün-men: »Was ist das Wesentliche im Dasein eines Flickenkutten-Mönchs?«
> Der Meister entgegnete: »Du bist dran.«
> Der Mönch konnte mit der Antwort nichts anfangen, und so bat er den Meister: »Bitte Meister, sagt es mir!«
> Yün-men sagte: »Zitherspielen für eine Kuh.«

Das Namenlose ist der Anfang von Himmel und Erde.

Den Anfang von Himmel und Erde, wie Lao-tse sagt, dürfen wir hier aber nicht als den Beginn irgendeiner endlosen Zeitreihe verstehen. Er ist nicht der Anfang einer noch so langen, irgendwann beginnenden Aufeinanderfolge von Ereignissen und Geschehnissen, was ihr dann Evolution oder Entstehung des Universums nennt. Es gibt weder Raum noch Zeit, weder Kommen noch Gehen oder einen Ablauf von aufeinander folgenden Ereignissen. Denn alles ist ein »Zugleich«, ohne Zuvor und ohne Danach, ohne Anfang und Ende.

Es gibt keinen Anfang. Raum und Zeit sind nichts weiter als eine Fehlwahrnehmung eures unterscheidenden, begrifflichen Bewusstseins. Das Namenlose ist das Grenzenlose, und somit ist es das Anfanglose. Es ist der ungeborene und todlose Eine Geist, neben dem nichts anderes existiert. Mit den Worten des alten Lao-tse:

> Ein Wesen gibt es, unfassbar, vollkommen.
> Es war schon vor Himmel und Erde,
> so still, so gestaltlos.
> Allein in sich, unwandelbar,
> alles durchdringend, immerdar.
> Man kann es die Mutter des Weltalls nennen.

Dieser uranfängliche Geist ist unendlich und grenzenlos. In seiner vollkommenen Unbeschränktheit erfüllt er hellstrahlend das ganze Universum.

> *Das Namen-Habende ist die Mutter*
> *der abertausend Wesen.*

Die Bewusstwerdung des Geistes in Richtung auf das Dasein führt zum Erkennen einer räumlich ausgebreiteten Welt der Individuation. In dem Augenblick, wenn die begriffliche Fixierung entsteht, und sei es nur der leiseste Ansatz eines ersten Impulses, ist die Eingrenzung da.

Es ist genauso, wie deine Wahrnehmung begrenzt ist, wenn du durch einen Strohhalm schaust. Dies ist die dualistische Betrachtungsweise, durch die sich die Wirklichkeit des allumfassenden Ganzen – die grenzenlose Weite des Einen Geistes – verengt zum mikrokosmischen Teilaspekt des kosmischen Geistes. Eine Bewusstseinsverengung zum Pseudo-Sein eines Ego, das sich von allem als getrennt erlebt.

Da aber alles der Eine Geist ist, neben dem nichts anderes existiert, ist das Namen-Habende mit dem Namenlosen identisch im Wesen, doch verschieden in der Erscheinung. Das Namen-Habende ist die begriffliche Fixierung, und so treten alle Dinge ins Dasein, das heißt: die Illusion der Vielheit erhebt sich. Mit den Worten von Zen-Meister Huang-po:

> Wenn die Gedanken sich erheben, erheben sich alle Dinge, und wenn die Gedanken schwinden, schwinden alle Dinge.

Darum sagt Lao-tse:

> *Beständiges Begehren schaut nur das Begrenzte.*

Das Begehren ist das Habenwollen, das Ergreifen- und Festhaltenwollen, bedingt durch das Nichtwissen. Denn wo Nichtwissen ist, da ist auch die Tendenz von Annehmen und Verwerfen.

Die buddhistische Lehre bezeichnet deshalb Gier, Hass und Nichtwissen als die drei Grundübel, aus denen heraus sich der Samsara, der Kreislauf von Geburt,

Altern, Verzweiflung, Krankheit, Schmerz und Tod, erhebt. Diese Grundlagenbedingung ist die Wurzel allen Übels.

»Ständiges Begehren schaut nur das Begrenzte«, denn Begehren setzt Grenzen. Euer Leben gleicht dem einer Fliege, die sich in einer engen Flasche verfangen hat. Süßer Duft hat sie in die Flasche gelockt, und sie fliegt aufgeregt darin herum und sucht einen Ausweg. In ihrem verzweifelten Bemühen herauszukommen, stößt sie immer wieder gegen das Glas, und sie sieht, dass die Freiheit ganz nah ist.

Die meisten Menschen befinden sich in dieser Situation. Durch ihr ständiges Begehren befinden sie sich in einem Zustand, der sie daran hindert ein freies Leben zu führen. Das ständige Begehren geschieht aus der geistigen Verblendung, dem Nichtwissen und schafft immer weiteres Nichtwissen. Und so verdichtet sich der Schleier der Maya, der Illusion einer vielheitlichen äußeren Erscheinungswelt in Raum und Zeit.

In diesem Netz von Gier, Hass und Verblendung habt ihr euch dann verfangen. Je mehr ihr versucht zu entrinnen, wird jeder Versuch der Befreiung zu einem sich noch mehr Fesseln. Auf diese Weise verstrickt ihr euch immer mehr in diesen armseligen, bedauernswerten Zustand einer selbstverursachten Bewusstseinsverengung. Das ist die Begrenztheit, die Lao-tse meint, wenn er sagt: »Ständiges Begehren schaut nur das Begrenzte.«

Jetzt sage ich euch etwas, das – wie so vieles was ich sage – falsch ausgelegt werden kann: Dieses Begehren, das heißt der innere Antrieb des Begehrens, ist aber auch zugleich – und das ist ein ganz wesentlicher Punkt – der unbewusste Impuls in jedem Menschen zur göttlichen Wirklichkeit hin. Jeder Mensch sucht und weiß nicht, dass und was er sucht. Darum sagt Augustinus (5. Jh.):

> Unruhig ist unser Herz, bis es ruht in Gott.

Du suchst und hetzt in geistiger Rastlosigkeit umher, so wie ein wildgewordener Affe, der von Ast zu Ast springt. Du suchst und suchst und weißt nicht, wonach du suchst. Du erkennst nicht, dass das, was du suchst, der eigentliche allerinnerste Antrieb deines Suchens selbst ist. Es ist dein wahres Sein, das überlagert ist von der Wahnvorstellung eines Ego mit seiner erlebten Welt. So ist jedes Suchen im Äußeren eine durch dein Nichtwissen bedingte Fehlinterpretation dessen, was du wirklich suchst.

Du suchst im Äußeren etwas, was du nur im Inneren finden kannst. Da alles, was du bei deiner äußeren Suche erreichst, dir keine endgültige Befriedigung geben kann, bleibst du innerlich hohl und unzufrieden. Weil du keine wirkliche Erfüllung findest, setzt du deine Ziele immer höher.

Alle deine Bemühungen, einen Zustand dauerhafter Zufriedenheit auf den vergänglichen Freuden dieser Traum-Welt aufzubauen, müssen unweigerlich in Enttäuschung enden. Deshalb sagt Bodhidharma (6. Jh.), der erste Patriarch des Zen-Buddhismus:

> Wo auch immer ein Begehren ist, da findest du Leiden. Wenn das Begehren aufhört, bist du frei vom Leiden. Nicht-Begehren ist der Weg zur Wahrheit.

In deinem Nichterkennen der Wirklichkeit wirst du von allem möglichen Verlangen nach diesem und jenem geplagt, nur um das kurze, vergängliche Glück des Augenblicks zu erhaschen. Auf diese Weise verstrickst du dich immer mehr in alle möglichen Abhängigkeiten. Alkohol, Sex und schöne Dinge sind weder gut noch schlecht. Aber das Verhängnisvolle ist, dass du davon sehr schnell abhängig wirst.

Es ist genauso wie mit den Stachelschweinen, die in Rattenlöcher kriechen. Sie kommen sehr leicht hinein, aber es ist ihnen unmöglich, wieder herauszukommen, egal wie sehr sie es auch versuchen. Sie stecken fest und kommen nicht mehr heraus.

Sich an das Vergängliche zu klammern, nur wegen der kurzen, vorübergehenden Illusion von Glück, schafft nur neues Karma. Alle Zustände und Ereignisse in eurem Leben sind die Folgeerscheinung von vorausgegangenen Gedanken und Taten.

Jede Handlung in der Gegenwart bestimmt euer zukünftiges Schicksal. Somit ist euer ganzes Leben eine Entfaltung von Karma. Es ist eine ständig sich wiederholende Folge von Ursache und Wirkung. Doch Karma bedeutet Hindernisse und somit Leiden. Also hängt euch nicht an das Vergängliche. Das Vergängliche kann euch kein andauerndes wirkliches Glück bescheren. Denn: Alles ist vergänglich, und Vergänglichkeit ist Leid. Buddha sagt:

> Diese Welt geht vorüber, und alles, was wichtig ist, fliegt vorbei. Jeder muss aus seinem Traum erwachen. Es ist keine Zeit zu verlieren, und deshalb:

> Bemüht euch ohne Unterlass! Unbeständig ist das ganze Dasein, wie Wolken im Herbst. Gleich einem Schauspiel sind Geburt und Tod auf der Bühne des Lebens. Wie ein Blitz am Himmel verfliegt das Leben, es fließt vorbei, wie ein Sturzbach den Berg hinabrauscht.

Der japanische Zen-Dichter Ryokan Daigu (19. Jh.) beschreibt die Vergänglichkeit alles Seienden mit den poetischen Worten:

> Eines Tages
> werde ich ein zerfallender Totenschädel sein,
> der irgendwo im Gras verrottet.
> Vielleicht kommt ein Hund vorbei,
> ihn zu bepinkeln oder zu beschnüffeln
> oder ein oder zwei vorbeifliegende Vögel
> lassen sich kurz auf ihm nieder,
> um ihm schnell
> eine kleine Melodie zu zwitschern.
> Herrscher und einfache Leute
> enden ebenso –
> vergehen wie der Traum nach der Nacht.

Diese Welt ist vergänglich. Doch ihr leidet nicht, weil alles in der Welt vergänglich ist. Ihr leidet, weil ihr euch an das Vergängliche anklammert.

Der Grund für euer Leiden liegt nicht darin, dass die Welt nicht in Ordnung ist, sondern darin, dass ihr nicht in Ordnung seid. In dem Nichterkennen der trügerischen Natur aller Erscheinungen bewegt ihr euch unaufhörlich von Geburt zu Geburt, besessen vom Wahn zahlloser Phantasien als dem leeren Blendwerk des Denkens. So irrt ihr herum und sucht, ohne zu wissen, was ihr sucht, das, was nur in eurem Allerinnersten zu finden ist, im Äußeren.

Im Innersten des Herzens leuchtet das klare Licht des Geistes. Doch beständiges Begehren schaut nur nach außen und schafft nur Begrenztheit. Durch Begehren fesselt ihr euch selbst in eurer selbstgezeugten Begrenztheit. Auf diese Weise erzeugt ihr die Illusion einer unabhängigen, für sich bestehenden Individualität, welche nichts anderes ist als Begrenztheit.

Jetzt kommen wir zum vorausgehenden Satz des Laotse. Ich habe zuerst den zweiten kommentiert, damit ihr den ersten besser versteht.

Beständiges Nicht-Begehren schaut das Geheimste.

»Beständiges Nicht-Begehren« ist ein vollkommenes Loslassen deiner selbst und aller Dinge. Es ist aber nicht dieses Loslassen, bei dem du loslässt in der Form eines Tuns – sondern das Loslassen in Form des Geschehenlassens. Dies ist auch die wahre Bedeutung des taoistischen Wu-wei, dem Nicht-Tun.

Meister Eckhart sagt: »Gott wirkt, und ich werde.« Doch dass Gott in dir wirkt, setzt voraus, dass du aufhörst zu wirken. Solange du noch selbst wirkst und mit Hilfe des unterscheidenden, begrifflichen Denkens das Geheimnis des Seins verstehen willst, solange wirkt Gott nicht. Er sagt: »Gut, phantastisch, das ist ja großartig, wie weise du bist mit deinem ganzen Wissen und Handeln. Du glaubst, es selbst machen zu können, also gut, dann will ich dir dabei nicht im Weg stehen.«

Beständiges Nicht-Begehren schaut das Geheimste.

Wenn du frei von jedem Begehren im inneren Nicht-Tun verweilst und die Dinge lässt, wie sie sind, dann begrenzt du auch nichts. Wenn du nichts mehr begrenzt, dann fixierst du nichts und hast demzufolge auch keine fixierte Wahrnehmung.

Keine fixierte Wahrnehmung haben heißt: Du schaust die Welt nicht mehr durch die Schablone der dualistischen Betrachtungsweise der Bejahung und Verneinung an. Du wirst frei von deinen alten, gewohnten Verhaltensmustern und Denkmodellen. Du wirst frei von deinen alten Erinnerungen einer toten Vergangenheit und deinen Ängsten in Bezug auf die Zukunft, und alles ist gut, so wie es ist.

»Jeder Tag ist ein guter Tag«, heißt es im Zen. Auf diese Weise gehst du durch alle Wechselfälle des täglichen Lebens hindurch, ohne dich ständig in alle möglichen selbstverursachten Probleme zu verstricken.

Frei von der Last alter Illusionen kann dich nichts mehr täuschen, und du lebst dein Leben in völliger Freiheit.

12

Die Liebe ist das allumfassende Ganze

Es gibt zwei Arten von Liebe. Die Liebe in der Form des Habens und die Liebe in der Form des Seins.

Die Liebe in der Form des Habens ist die Pseudo-Liebe, die sich äußert in einer kurzen Gefühlsregung, in einem flüchtigen Impuls. Ich will es euch anhand eines Beispiels veranschaulichen:

Ihr geht über eine Wiese und seht plötzlich eine schöne Blume stehen. Ihr pflückt sie ab und nehmt sie mit nach Hause, denn ihr seid verliebt in diese Blume. Zu Hause stellt ihr sie in eine Blumenvase – und drei Tage später werft ihr sie in den Mülleimer. Das ist die Liebe in der Form des Habens.

In Wahrheit ist dies jedoch überhaupt keine Liebe, sondern vielmehr das als Liebe fehlinterpretierte Begehren des Ego. Ihr seht ein Objekt, ihr begehrt es und möchtet das Objekt des Begehrens ergreifen – das heißt »haben«.

Nicht so ist es bei der Liebe in der Form des Seins – der reinen Liebe. Die reine Liebe ist die Liebe in der Form der allumfassenden Ganzheit. Sie bleibt nicht am konditionierten Gefühlsimpuls einer dualistischen Unterscheidung hängen. Es ist nicht die Pseudo-Liebe, die ergreifen und besitzen will, sondern ganz im Gegenteil. Es ist die Liebe, die sich selbst schenkt und hingibt. So wie die Motte, wenn sie das offene Feuer sieht, sich selbst vergessend in das Feuer hineinfliegt.

Die reine Liebe sucht stets die Aufhebung aller Gegensätze, denn sie strebt zum vollkommenen Einssein. »Die Liebe beginnt da, wo das Denken aufhört«, denn sie ist jenseits aller Gegensätze. So sagt auch Meister Eckhart:

> Das Auge, in dem ich Gott sehe, und das Auge, in dem Gott mich sieht – das ist ein Auge, ein Sehen, ein Erkennen und ein Lieben.

Hier ist jegliche Dualität aufgehoben. Die Liebe ist die allumfassende Ganzheit, die alles in sich beschlossen hält. Doch da, wo du in deiner Ego-Zentrierung aus dem Ganzen, aus der universellen Ganzheit, heraustrittst, indem du dich absonderst und besonders hervorhebst und wichtig nimmst, trittst du auch aus der allumfassenden Liebe heraus.

Absonderung heißt immer Geteiltheit und führt zur Getrenntheit. Diese Getrenntheit entsteht durch die Dualität von Annehmen und Verwerfen und steigert sich zu Gier, Hass und immer weiter fortschreitender geistiger Verblendung. Diese dualistische Geisteshaltung des unterscheidenden Nichtwissens ist auch der Grund für allen Unfrieden in der Welt. Im absoluten Gegensatz hierzu stehen die buddhistischen Leitsätze zur Befreiung von dualistischen Auffassungen:

> Halte das Wissen, das du gegenwärtig besitzt, nicht für die absolute unwandelbare Wahrheit. Vermeide es, engstirnig in deinen gegenwärtigen Auffassungen verhaftet zu sein. Lerne und

übe Nicht-Anhaften an Auffassungen, um für die Wahrnehmung anderer Auffassungen offen zu sein.

Unterscheidendes Nichtwissen erzeugt immer Widerstand, der untrennbar mit dem Verstand verbunden ist. Doch das Aufgeben des Widerstandes führt zur Hingabe. Alles Urteilen und alle Negativität lösen sich auf, und es öffnet sich dir die Wirklichkeit des reinen Seins, die vom Verstand verdeckt wurde.

Die reine Liebe, die sich ganz hingibt, offenbart sich in der sich selbst vergessenden Liebe zum Ewigen. Da ist kein Verstandes-Ego und somit auch kein Eigenwollen. Darum betet Jesus im Garten Gethsemane kurz vor seiner Kreuzigung: »Vater, wenn du willst, nimm diesen Kelch von mir. Aber nicht mein Wille, sondern dein Wille geschehe!«

Diese Hingabe findet ihren Höhepunkt in seiner radikalen Selbstentäußerung am Kreuz. Und so ist die Haltung des Gekreuzigten die Geisteshaltung der totalen Hingabe des Menschen an die überseiende Wirklichkeit des göttlichen Seins.

In dieser Situation am Kreuz hören wir dann das Wort, das Jesus ausruft und das viele christliche Gemüter schon verwirrt hat: »Eli, Eli, lema sabachtani?« Das heißt: »Mein Gott, mein Gott, warum hast du mich verlassen?«

Die meisten christlichen Theologen legen diese Worte so aus: Sie glauben, dass hier Jesus in seiner menschlichen Hilflosigkeit am Kreuz hängt und in seiner Verlassenheit die Existenz Gottes bezweifelt. Sie glauben, dass Jesus für einen kurzen Augenblick seinen Glauben an den verliert, auf den er vertraute, so dass er voller Verzweiflung und Todesangst ausruft: »Mein Gott, mein Gott, warum hast du mich verlassen?« Dies ist jedoch eine vollkommen falsche Auslegung.

Die mystische Bedeutung, die Wahrheit, die hinter diesen Worten steht, ist eine ganz andere. Sie geht viel tiefer als die beschränkte, dualistische Sichtweise theologischer Gelehrsamkeit sich hier vorstellen kann. Denn wenn Jesus am Kreuz ausruft: »Mein Gott, mein Gott, warum hast du mich verlassen?«, dann ist das etwas völlig anderes, als wenn er sagen würde: »Oh je, oh je, jetzt hänge ich hier am Kreuz, mit durchbohrten Händen und Füßen. Ich habe auf eine höhere Macht vertraut, die es wahrscheinlich gar nicht gibt. Alles war umsonst, ich bin einem Betrug aufgesessen.«

Nein, das sagt er nicht! Sondern er wendet sich vielmehr direkt an diese Macht, auf die er vertraut, indem er sie anspricht und sagt: »Mein Gott, mein Gott, warum hast du mich verlassen?« Nur jemand, der von der Existenz der göttlichen Wirklichkeit überzeugt ist, wird sie in dieser Art ansprechen. Niemand, der bei gesundem Verstand ist, würde das Wort an jemanden richten, von dem er glaubt, dass er gar nicht existiert.

Die Worte des sterbenden Jesu am Kreuz: » ... warum hast du mich verlassen?«, sind zwar der Schrei der Verlassenheit, aber es sind nicht die Worte des Zweifels an der Existenz der göttlichen Wirklichkeit. Denn in dem Augenblick, wo Jesus ausruft: »Mein Gott, mein Gott, warum hast du mich verlassen?«, unterstreicht er zugleich damit sein unumstößliches Vertrauen in Gott, von dem er sich nicht mehr getragen und somit verlassen fühlt.

Dies ist der Augenblick des mystischen Sterbens. In diesem Prozess des Sich-Loslösens von Raum und Zeit befindet ihr euch in der »dunklen Nacht der Sinne und des Geistes«.

Ihr habt das eine, das Gefühl von Stabilität in der Welt nicht mehr – und das andere, die absolute Wirklichkeit, noch nicht; und dies ist ein großer geistiger Vakuumzustand. Ihr fühlt, wie sich Raum und Zeit auflösen, so dass ihr keinen Haltepunkt mehr findet. Und so schreckt ihr ängstlich zurück, weil ihr befürchtet, in den bodenlosen Abgrund des Nichts hineingezogen zu werden und nicht mehr zum Leben zurückzukehren. Mit den Worten des chinesischen Zen-Meisters Huang-po:

> Wen es zur Leere hinzieht, der wagt nicht in sie einzugehen, da er Angst hat, in die Leere hinabgeschleudert zu werden, ohne sich an etwas klammern zu können. So starren die meisten auf den unübersehbar tiefen Abgrund und ziehen sich entsetzt zurück.
> Sie haben Angst, ihren Geist leer zu machen. Sie fürchten, in die Leere zu fallen, und wissen nicht, dass ihr eigener Geist die Leere ist.

Das Wort Jesu: » ... warum hast du mich verlassen?«, ist ein Koan für die ganze Menschheit. Es ist ein Aufruf zur direkten Nachfolge »hier und jetzt«. So wie Jesus zu dem jungen Mann, der ihn fragt, was er tun müsse, um sein Jünger zu werden, sagt: »Komm und folge mir nach!« Darauf sagte der junge Mann: »Ja, aber, so schnell geht das leider nicht – denn mein Vater ist gestorben, und den muss ich erst beerdigen. Ich habe im Moment viel zu tun: Ich muss das Grab bestellen, die Trauerfeierlichkeiten regeln, und ich muss ... « Und Jesus unterbricht ihn und sagt: »Amen ich sage dir – lass die Toten ihre Toten begraben, und folge mir nach!«

Folge mir »jetzt« nach! (Zensho stößt mit dem Stock auf den Boden auf!!!) Jetzt! Und nicht irgendwann, nicht morgen und nicht übermorgen, denn es existiert nur das Jetzt. Das Morgen und das Übermorgen ist nur ein Gedanke, ist nur ein leerer Begriff, so wie die anderen abertausend leeren Begriffe, die ihr alle im Kopf habt.

Wenn ihr nicht in der Vergangenheit oder Zukunft verhaftet und nicht an die Dinge der Gegenwart gebunden seid, werdet ihr erkennen, dass alles vollkommen leer und ohne Wirklichkeit ist. Hänge nicht fest in der Vergangenheit und grüble nicht über die Zukunft nach, sonst verfängst du dich nur in Wahngebilden, und dein Geist ist verwirrt.

Wenn ich vom Jetzt rede, besteht die Gefahr, dass du auch das Jetzt zu einem leeren Begriff machst und sagst: »Ich muss das Jetzt erst noch erlangen.« Auf diese Weise hast du das Jetzt in die Zukunft verlagert und hast seine absolute Gegenwärtigkeit verpasst. Du kannst das Jetzt nur erfahren, wenn du dir bewusst machst und klar erkennst – das Jetzt ist schon hier! Sage niemals, ich muss das Jetzt erst noch erreichen, denn das Jetzt ist immer hier.

Das Jetzt ist immer hier, nur »du« bist nicht hier. Das Jetzt ist immer anwesend, nur du bist abwesend. Du brauchst nirgendwo hinzugehen, um das Jetzt zu erfahren. Du brauchst dich nur auf die unmittelbare Gegenwart des Jetzt einzulassen. Hör auf, die absolute Gegenwart deines wahren Seins mit dem Müll der Täuschungen zu überdecken! Lass alles los – vergiss dich selbst!

In dem Augenblick, in dem ihr euch dem Absoluten hingebt und hineinsterbt in den großen Tod, tretet ihr ein in die große Finsternis – in den dunklen Abgrund des göttlichen Nichts. Alles löst sich auf, eure ganzen Konditionierungen, eure ganzen festgefressenen Verstandesbegriffe und Wertvorstellungen. Der Vorhang im Tempel, als der Schleier der Maya – der Illusion von Raum und Zeit, von Altern, Verzweiflung, Krankheit, Schmerz und Tod – zerreißt.

Alles löst sich auf und gibt das Allerheiligste frei. Dieses Allerheiligste ist dein wahres Angesicht vor deiner Geburt, die aus sich selbst seiende Wirklichkeit, die du von jeher warst und immer sein wirst.

Der Tempel seid ihr selbst. »Wisst ihr nicht, dass ihr der Tempel des Heiligen Geistes seid?«, sagt Paulus. Schmeißt alles heraus aus dem Tempel, all diese Konditionierungen und toten Begriffe, all diese Programmierungen und Parolen, die ihr euch selbst eingetrichtert habt und die euch eingetrichtert wurden im Laufe eures ganzen Lebens.

Schmeißt alles raus, was es auch sei! Weg damit! So wie Jesus in den Tempel geht, die Tische umschmeißt, die Geldwechsler und Taubenverkäufer hinausjagt und ruft: »Hinaus mit euch! Ihr habt aus dem Hause meines Vaters eine Räuberhöhle gemacht. Hinweg mit euch!« Und dann ist es still im Tempel.

Erst wenn es still ist in dir selbst, offenbart sich dein wahres Sein jenseits aller Worte. Doch solange noch irgendetwas in dir ist, in Form von Annehmen und Verwerfen, richtig und falsch und dies und das und jenes, kannst du den Klang der Stille nicht hören. Denn es ist das reine Sein, so wie es ist.

In der Sprache des Zen: »Es ist das Eine ohne Zweites.« Und da es das Eine ohne Zweites ist, duldet es nichts anderes neben sich. Solange in eurem Bewusstsein noch irgendetwas ist – und sei es auch nur die allerkleinste Vorstellung –, seid ihr noch himmelweit von der göttlichen Wirklichkeit eures wahren Seins entfernt.

In der vollkommenen Selbsthingabe an den Abgrund des göttlichen Dunkels, der sich als die Fülle des großen Lebens offenbart, zeigt sich die reine Liebe in ihrer Ganzheit. Und deshalb sagt der Evangelist Johannes:

> Gott ist die Liebe, und wer in der Liebe bleibt,
> der bleibt in Gott und Gott in ihm.

Die überseiende Wirklichkeit ist die allumfassende Ganzheit des Seins. Sie ist das Ganze, das alles in sich beschlossen hält. Sie ist das eine unteilbare Ganze, das sich in allem vermeintlich Vielheitlichen als sich selbst erkennt und liebt.

Gott – in der Sprache des Zen: der Eine Geist – ist die Liebe. Wer in dieser Liebe bleibt – in diesem Ganzen, in dieser Nicht-Dualität, in diesem Nicht-Getrenntsein – der bleibt in der Wirklichkeit des Einen Geistes und die Wirklichkeit des Einen Geistes in ihm. Aber sowie ihr irgendetwas herausnehmt und glaubt, das gehöre nicht dazu, es gehöre nicht zu der totalen Harmonie des Seins, tretet ihr auch aus der Liebe heraus. Ihr verliert die Liebe.

Yin und Yang, Leben und Tod, schön und hässlich, gut und böse, alles ist die allumfassende Ganzheit des Seins. Die Verbindung, das heißt das gegenseitige Sich-Bedingen und Durchdringen von Yin und Yang, ist das Wirken des Tao.

Das Tao fließt wie das Wasser. Und wenn ihr euch gegen nichts stellt, was es auch sei, seid ihr im harmonischen Fluss mit dem Ganzen – im Einklang mit dem Tao. Und so steht ihr in der allumfassenden göttlichen Liebe. Diese Liebe ist stark wie der Tod. Meister Eckhart sagt:

> Die Liebe ist nicht nur stark wie der Tod,
> sie ist sogar noch viel stärker als der Tod,
> weil sie selbst den Tod noch zu töten weiß.

Ebenso wie der Tod euch von allem wegreißt und alles zunichtemacht, ist es auch mit der Liebe. Wer in der allumfassenden Liebe steht, für den wird alles zu dieser reinen Liebe, oder mit den Worten Meister Eckharts: »Alles wird zu lauter Gott.« Er sieht nur noch das Göttliche, er sieht nur noch die reine Wirklichkeit, wo er geht, wo er steht, überall. Wenn ihr in dieser Liebe steht, dann seid ihr jenseits von Leben und Tod. Denn dann ist alles das Eine.

Das ganze Universum, Kommen und Gehen, Leben und Tod – alles, was es auch sei, ist die Fülle des reinen Seins. Und wenn ihr in und aus dieser Fülle des ewigen Seins lebt, dann seid ihr frei von Besorgnis und Furcht.

Der Tod ist dann nicht das letzte Wort. Er ist dann nicht mehr diese dunkle Bedrohung, die euch aus eurem schönen Leben herausreißt, so dass ihr hineinfallt in ein leeres, dunkles Nichts.

Als die Hand der göttlichen Liebe hebt er dich empor in das strahlende Licht des Geistes – die Wirklichkeit deiner geburt- und todlosen Selbst-Natur.

13

Kein Zen ohne Erleuchtung

Jede Religion, jede Philosophie ist nur ein Hilfsmittel, »ein Finger, der zum Mond zeigt«, wie es im Lankavatara-Sutra heißt, aber der Finger darf nicht mit dem Mond verwechselt werden, auf den er weist.

Die höchste Wahrheit ist ganz einfach, aber die Menschen klammern sich bei ihrer spirituellen Suche unnötig an alle möglichen äußeren Lehren und Übungen. Ihr macht viele Umstände um all die verschiedenen Wege und Methoden, um etwas zu erreichen, was ihr niemals erlangen könnt. Deshalb sagt Zen-Meister Huang-po:

> Nur indem ihr verhindert, dass begriffliches Denken entsteht, werdet ihr Erleuchtung erfahren. Dann werdet ihr auch Buddha erfahren, der immer in eurem eigenen Geist existierte. Alle Äonen eifrigen Suchens werden sich als ebenso lange Zeit nutzloser Anstrengungen erweisen.

Ihr sucht etwas, was ihr niemals finden könnt, weil ihr es nie verloren habt.

Es ist so wie in dem alten indischen Gleichnis von dem Mann, der ein Stirnband mit einer wertvollen Perle auf der Stirn trägt und plötzlich glaubt, er hätte diese Perle verloren. Er läuft von Ort zu Ort und sucht voller Verzweiflung nach seiner wertvollen Perle, bis er irgendwann in einen Spiegel schaut und erkennt:

Das, was er suchte, war stets da – er hatte es nie verloren. Die Wahrheit ist eine reine Sache des Erkennens und keine Sache des Erlangens. Im Shinjinmei, einer der wesentlichen Schriften des Zen aus dem siebten Jahrhundert, heißt es:

> Die höchste Wahrheit ist nicht schwierig, und sie lässt keine Wahl zwischen Zweierlei zu. Wenn man nicht mehr hasst oder begehrt, dann offenbart sie sich klar und unendlich.
> Doch wer auch nur haarbreit von ihr getrennt bleibt, der ist von ihr geschieden so weit wie der Himmel von der Erde.
> Darum: Nicht erst zu suchen brauchst du die Wahrheit, einzig und allein dein Denken lass schweigen – nur darauf kommt es an.

Schaut hin, lasst alles so, wie es ist, hört auf herumzurennen wie aufgescheuchte Hühner und seht die Dinge so, wie sie sind!

Wenn ihr alles lasst, wie es ist, dann bedeutet das, dass ihr über die Dinge nicht mehr eine Schablone der begrifflichen Fixierung stülpt, die Schablone eurer alten Vorstellungsmodelle. Es bedeutet, dass ihr nicht mehr die Situationen und Dinge verzerrt durch irgendwelche Erinnerungsvorstellungen, das heißt Gedächtnisinhalte einer toten Vergangenheit, und meint, das so Projizierte sei das Ding an sich.

Es ist so, als ob du nachts im Mondlicht ein Seil am Wegrand liegen siehst und im Zustand der Angst die Vorstellung einer Schlange darauf projizierst.

Erschrocken weichst du zurück und rennst davon. Doch wenn du am nächsten Tag, wenn die Sonne scheint, wieder an derselben Stelle vorbeikommst, siehst du: Es war nur ein Seil.

Das Sonnenlicht der klaren Erkenntnis offenbart dir die Wahrheit, so dass du die Dinge siehst, wie sie sind. Da wird nichts darüberprojiziert, und alles ist klar, und alles ist gut, so wie es ist. »Jeder Tag ist ein guter Tag«, heißt es im Zen.

Die allem zugrunde liegende reine Natur des Seins ist herrlich strahlende friedvolle Freude. Sie ist offen und klar, ohne Hindernisse und Begrenzungen. Alles ist eine Offenbarung der göttlichen Wirklichkeit. Alles ist erfüllt von der Fülle Gottes.

Aber ein Gedanke des Ergreifens, und schon bist du in der Gier gefangen, und ein Gedanke der Ablehnung, und schon bist du voller Wut und Ablehnung.

Die wahre Geisteshaltung ist die der inneren Gleichmut. Je gelassener du wirst, desto friedvoller wird auf ganz natürliche Weise deine Welt, die du erlebst. Dies ist so, weil du bei deiner inneren Loslösung zur heiteren Gelassenheit gelangst, und nach und nach mit deinem wahren Sein und somit mit der allumfassenden Ganzheit in Einklang kommst. In dir selbst ruhend, wirst du dich mitten in der Welt einer vermeintlichen Vielheit bewegen und kannst die Dinge lassen, wie sie sind.

Es ist eine vollkommen falsche Sichtweise, die Welt begrifflich zu fixieren und einzuordnen in gut oder nicht gut. Es ist falsch, wenn man meint, die äußere Welt müsse verändert werden, damit es einem gut geht, und das Leben in der Welt sei eine Behinderung auf dem geistigen Weg. Man unterliegt einem gewaltigen Irrtum, wenn man glaubt, man müsse das aktive Leben in der alltäglichen Welt aufgeben, um zur spirituellen Verwirklichung zu gelangen. Das ist eine sehr begrenzte Perspektive.

Eine Perspektive ist immer eine begrenzte Sichtweise. Sie ist nur eine Betrachtungsweise unter Ausschluss aller anderen Betrachtungsweisen, und das bedeutet: Es ist das Schauen durch den Strohhalm der Bewusstseinsverengung. Die grenzenlose Weite des Einen Geistes verengt sich so zum mikrokosmischen Teilaspekt – zur Betrachtungsweise des Ego.

Die Welt, das heißt jede Situation, in der ihr euch befindet im Leben, ist weder gut noch schlecht, weder richtig noch falsch. Ihr selbst in eurer konditionierten Betrachtungsweise projiziert alle möglichen Vorstellungen auf das Geschaute, das heißt auf alles, was euch begegnet.

Auf diese Weise projiziert ihr alle eure Erinnerungen, eure alten, toten Gedächtnisinhalte auf die jeweilige Situation drauf und reagiert in der gewohnten Weise mit Zuneigung oder Abneigung, in dem guten Glauben, dass die Dinge so sind, wie ihr sie wahrnehmt.

Nehmen wir folgendes Beispiel: Du siehst eine junge Frau, schön und rein wie eine Blume; doch du projizierst in deiner Geilheit alle möglichen sexuellen Wunschvorstellungen darauf und siehst in ihr nichts weiter als ein Sexualobjekt, das du begehrst. Das ist aber nicht die Welt, wie sie ist. Das ist nicht das So-Sein, sondern das bist du selbst in deinem Ich-Wahn. Das Ego projiziert und erschafft seine eigene Welt. Doch diese Welt des

Ego ist nichts anderes als ein ständiges Kommen und Gehen von Wünschen und Ängsten, das heißt von Vorstellungen und Gefühlen, und somit der Kreislauf von Geburt und Tod. Dieser Kreislauf von Geburt und Tod ist nichts anderes als eine psychische Projektion des Bewusstseins.

Die Wirklichkeit, so wie sie ist, erkennt ihr erst, wenn ihr aus dieser gewohnheitsmäßigen Fehlinterpretation und der daraus folgenden Fehlwahrnehmung aufwacht. Dann seid ihr der Tathagata, der So-Seiende, der die Dinge so sieht, wie sie sind. Dann seid ihr Buddha, der vollkommen Erwachte, der kommt, geht, isst und trinkt, so wie es ihm gefällt.

Doch um dahin zu gelangen, bedarf es der geistigen Führung eines erleuchteten Meisters. Wenn ihr aber anfangt, einen wirklichen Meister zu suchen, dann begegnet ihr in diesem riesigen Irrwald des spirituellen Angebotes unserer Zeit Tausenden von selbst- oder fremdernannten Meistern. Es sind diese Pseudo-Gurus, die sich mit schönen Worten hervortun und nur das nachplappern, was sie von anderen gehört oder gelesen haben. Mit den Worten von Zen-Meister Yün-men:

> Es gibt da eine Bande von Phrasendreschern, die den Gaber anderer Leute schlürfen, sich jede Menge Mist merken können und überall ihre Rossmäuler und Eselslippen breitmachen und sich dicketun.

Nur derjenige, der zum ursprünglichen Zustand seines Seins erwacht ist, ist ein wahrer Meister; nur er besitzt die Fähigkeit, einen Schüler zur Erleuchtung zu führen. Ein wesentlicher Grundsatz des Zen ist, dass niemand die Wahrheit des Zen lehren kann, solange er selbst nicht zur Wirklichkeit seines wahren Wesens erwacht ist. Mein Meister Soji Enku sagte des Öfteren:

> Wer sich anmaßt, über Erleuchtung zu reden, ohne selbst erleuchtet zu sein, ist wie ein Blindgeborener, der versucht, Michelangelos Deckengemälde der Sixtinischen Kapelle zu beschreiben.

Jetzt wird vielleicht manch einer denken: »Nun, wenn es nur so wenige wirkliche Meister gibt, dann sind ja die meisten Menschen im Leidensmeer von Geburt und Tod rettungslos verloren.« Doch wir sollten nicht vergessen, dass es auch viele Upayas gibt. Das sind hinführende Lehren, die auch von hinführenden, unerleuchteten spirituellen Lehrern gelehrt werden können. Diese Lehrer können den Schüler zumindest so weit führen, wie sie selbst gekommen sind.

Doch genaugenommen ist die ganze Situation nichts weiter als ein tragischer Witz. Es ist wie bei einem Schwimmlehrer, der selbst Nichtschwimmer ist und bei seinem Bemühen, seinem Schüler das Schwimmen beizubringen, wie ein Stein im Wasser versinkt. Deshalb sagt Lao-tse:

> Wer allzu sehr auf Ehre schaut,
> bleibt ohne Ehre.
> Wünsche nicht wie ein Juwel zu glänzen,
> um dann zu fallen wie ein Stein.

Ein Zen ohne Erleuchtung ist nichts weiter als ein Auto ohne Räder. Du kannst den Motor laufen lassen, und wenn du auf das Gaspedal trittst, hörst du den starken Motor. Du kannst die Blinkanlage betätigen, die Fenster automatisch öffnen und schließen und vieles mehr. Aber eines kannst du nicht – fahren! Doch das ist ja der eigentliche Sinn, der eigentliche Daseinszweck eines Autos. Ein Auto ist ein Fahrzeug, und ein Fahrzeug, das nicht fährt, ist vollkommen sinnlos.

Zen ist der Weg zur Erleuchtung, und ein Zen-Lehrer, der vorgibt, andere zur Erleuchtung führen zu können, ist genaugenommen nichts weiter als eine jämmerliche Karikatur.

Es gibt »kein Zen ohne Erleuchtung«! Den Weg zur Erleuchtung zu lehren, ohne selbst erleuchtet zu sein, ist vollkommen absurd und obendrein noch sehr gefährlich. Denn wie schon Jesus sagt:

> Wenn ein Blinder einen Blinden führt,
> dann fallen beide in die Grube.

So wie der echte Lehrer ein großer Segen für den Schüler ist, so ist der falsche Lehrer die größte Gefahr und Behinderung.

Was ein verantwortungsvoller, seriöser Zen-Lehrer wirklich tun kann, ist den Schüler in die Praxis der Zen-Meditation einzuführen. Er sollte ihm die theoretischen Grundlagen der Zen-Lehre vermitteln und seine ethischen, charakterlichen Eigenschaften fördern. Wenn er von einem wirklichen Zen-Meister – und das kann nur ein Erleuchteter sein – dazu autorisiert wurde, dann kann er sich mit ruhigem Gewissen Zen-Lehrer nennen. Doch sollte er sich niemals anmaßen, sich als »Zen-Meister« zu bezeichnen.

Man hört heutzutage überall von spirituellen Lehrern, die als »autorisierte Zen-Lehrer« auftreten und mit gesalbten Worten über die Erleuchtung reden, ohne wirklich Erleuchtung erfahren zu haben. Aber was soll man von solchen blinden Maulwürfen halten, die in ihrem dunklen Erdloch sitzen und über das strahlende Licht der Sonne reden.

Wenn ein Zen-Lehrer ehrlich genug ist, dann kann er einen Schüler eine gewisse Wegstrecke lang führen, aber ohne den anmaßenden Anspruch, ihn auf dem Zen-Weg zur Erleuchtung führen zu können. Auch darf er den Schüler nicht an sich binden. Vielmehr sollte er den Schüler so weit führen, bis er reif geworden ist für einen wirklichen erleuchteten Meister. Dies sollte ihm sein wichtigstes Anliegen sein! Das ist ja auch der eigentliche Sinn und Zweck eines Zen-Lehrers.

Aber nur die wenigsten sind wirklich reif für die Begegnung mit einem Meister. Viele sind einem Meister begegnet und haben sich von ihm abgewandt, weil sie nicht erkannt haben, dass ein wirklicher Meister, ein Erwachter vor ihnen steht. Das ist heute so, und das ist immer schon so gewesen, bis in die frühe Zeit von Christus und Buddha.

Viele haben Buddha gesehen und haben sich abgewandt, haben seine phantastischen Darlegungen gehört und gesagt: »Was für ein Unsinn.« Viele haben Jesus gehört und gesagt: »Was ist denn das für ein Größenwahnsinniger, der sagt, er wäre Gottes Sohn?

Der ist nicht ganz klar im Kopf. Er ist voll des süßen Weines und redet irr. Das ist Gotteslästerung, das kann kein wahrer Meister sein.«

Viele Suchende kommen mit einer vorgefassten Vorstellung – von einem vollkommen heilig erscheinenden weihrauchumwölkten Wesen – zu einem Meister. Wenn der Meister dann diesem Bild nicht entspricht und nach außen vollkommen normal wirkt, dann wenden sie sich bitter enttäuscht von ihm ab. Weil der Meister ihren konditionierten Vorstellungen nicht entspricht, sprechen sie ihm schließlich ab, überhaupt ein Meister zu sein.

Es ist jedoch eine Tatsache, dass nur ein reifer echter Schüler den wirklichen wahren Meister findet. Mit anderen Worten: Wer keinen wahren Meister finden kann, ist für den wirklichen Meister noch nicht bereit.

Die Frage, was ein echter Meister ist, dem man sich anvertraut, lässt sich nicht beantworten, ohne gleichzeitig die eigene Qualifikation als Schüler zu überdenken. Und das heißt in letzter Konsequenz: Wenn du einen Meister suchst, dann versuche, ein echter Schüler zu werden. Denn wenn du nicht die Voraussetzungen eines wahren Schülers erfüllst, wie kannst du dann hoffen, einen wahren Meister zu finden?

Man muss wirklich reif sein für einen echten Meister. Mit den Worten Meister Eckharts:

> Freund, steig höher hinauf!

Dann übersteigt man die falschen Propheten, die »doppelzüngigen Meister«, wie sie im Zen genannt werden, bis man schließlich seinen persönlichen Meister findet, der einen führt.

Nun kommen wir zum Ausgangspunkt unserer Betrachtung zurück. Alle philosophischen und religiösen Systeme sind nur relative Hilfsmittel und haben so wenig mit der Wirklichkeit zu tun wie der Finger mit dem Mond, auf den er weist. Alle gehirnakrobatischen Spekulationen haben mit der Wirklichkeit nicht das Geringste zu tun. Gar nichts!

Was ist es dann? Was ist dann die Wahrheit? Eine logische Frage. Der Verstand denkt immer logisch, und die Antwort, die er findet, kann auch nur logisch sein. Doch schon allein dadurch, dass die Antwort logisch ist, ist sie in den Augen des Zen falsch, denn – alles begriffliche Denken ist eine irrtümliche Meinung.

Ich möchte euch die Absurdität der Logik anhand einer Geschichte klarmachen:

Zwei Verrückte in einem Irrenhaus beschließen eines Tages, auszubrechen.

Der Erste klettert hinunter in den Hof und versteckt sich schnell im Gebüsch.

Doch der Wärter hört ein leises Geräusch und ruft: »Ist da jemand?« Als er aus dem Busch ein leises »Miau« hört, sagt er beruhigt: »Ach, es ist ja nur 'e Katz.«

Jetzt war der andere Verrückte an der Reihe. Vorsichtig klettert er nach unten und springt hastig in das Gebüsch.

Doch das Gebüsch wackelt so laut hin und her, dass der Wärter jetzt doch sehr beunruhigt ist. Mit lauter Stimme ruft er: »Ist da jemand?«

Und aus dem Gebüsch erklingt: »Noch 'e Katz.«

Das ist Logik. Der zweite Verrückte hatte sich nach den Gesetzen der Logik vollkommen richtig verhalten. Und da das Nichtbezweifeln von Worten und Vorstellungen eine schlimme Krankheit ist, können wir uns die Mühe sparen, die Geschichte näher erklären zu wollen.

Alles, was begrifflich aussagbar ist, hat mit der unaussagbaren Wirklichkeit, die jenseits all dessen liegt, was Sinne und Verstand zu fassen vermögen, nicht das Geringste zu tun.

Der Verstand denkt nur in Gegensatzpaaren und sagt: Wenn es nicht das eine ist, ist es das andere. Wenn es Yang nicht ist, muss es Yin sein, und wenn es Yin nicht ist, muss es Yang sein. Oder auch: Wenn es nicht die Bewegung ist, muss es demzufolge die Ruhe sein. Aber da es weder dies noch das ist, sagt Buddha über das Absolute:

> Man kann nicht sagen, dass es ist, und man kann nicht sagen, dass es nicht ist. Man kann nicht sagen, dass es ist und nicht ist, und man kann auch nicht sagen, dass es weder ist noch nicht ist.

Das ist die vierfache buddhistische Verneinung. Zen-Meister Mumon drückt es auf seine geniale Weise aus. In seiner Erleuchtungs-Gatha fegt er alles weg, so dass zum Schluss nur noch das MU – das »Nichts« – übrigbleibt:

MU MU MU MU MU
MU MU MU MU MU
MU MU MU MU MU
MU MU MU MU MU

Nichts ist wirklich, nichts existiert – denn alles ist nur ein Traum ohne jede Wirklichkeit. Doch ihr haltet daran fest, dass hinter dem Nichts noch etwas ist – ein Denker, der denkt, sieht, hört, fühlt und versteht. Aber gerade durch euer Festhalten an dieser konditionierten Wahnidee überdeckt ihr den wahren, stillen Beobachter hinter allen Erfahrungen, euer wahres Selbst, ohne dass ihr es merkt.

Ihr meint das, was ihr nun wahrnehmt, sei das wahre Selbst, aber es ist nur das Ego. Denn das durch die Gedanken, durch den Verstand kreierte Ego ist nicht ein Sein, eine Person, sondern ein Ereignis – ein Prozess. Es ist ein verselbständigter Prozess der Identifikation und Anklammerung. Darum wird er im Buddhismus auch Ahamkara genannt, der Prozess der Ego-Projektion, der Ego-Macher, der Ich-Wahn.

Viele Leute in der esoterischen Szene – oftmals sind es »Psychologen-Gurus« – reden davon, dass man sein Ego töten müsse. Doch das ist ein totaler Unsinn. Denn da in Wirklichkeit kein Ego existiert, könnt ihr auch keins töten. Nur die Wahnvorstellung eines Ego, die könnt und sollt ihr töten. Und die könnt ihr nur töten, indem ihr den Prozess der Aufrechterhaltung der Wahnidee eines Ego beendet. Und was ist dieser Prozess? Dieser Prozess ist das ständige, immerwährende Annehmen und Verwerfen – das Unterscheiden.

Das begann nach der Bibel schon im Garten Eden. Gott sagte, dass der Mensch nicht vom Baum der Erkenntnis – der Unterscheidung von Gut und Böse – essen dürfe, sonst werde er aus dem Paradies vertrieben. Und so ist es ja auch gekommen. Darum sitzt ihr ja jetzt hier.

Aber in Wirklichkeit seid ihr immer noch im Paradies. Es ist gar nichts geschehen. Es hat sich nur der Schleier des Annehmens und Verwerfens über die reine Wahrnehmung des So-Seins gelegt, und ihr seht jetzt nur noch die Projektion eures Nichtwissens und sagt: »Das bin ich und so ist die Welt.« Deshalb sagt Huang-po:

> Wenn die Gedanken sich erheben, erheben sich alle Dinge, und wenn die Gedanken schwinden, schwinden alle Dinge. Wenn die Gedanken sich erheben, erheben sich alle Probleme, und wenn die Gedanken schwinden, schwinden alle Probleme.

Stell dir vor, du hast irgendein Problem – irgendeins, was es auch sein mag –, und du kannst dich nicht von diesem Problem lösen. Stell dir vor, du würdest plötzlich, in dem Augenblick, wo du über dieses Problem nachdenkst, von einer Gewehrkugel ins Bein getroffen, und du hast jetzt die Kugel im Bein stecken. Denkst du dann noch an dein Problem?

So wie ein Hund es liebt, auf seinem Knochen herumzukauen, so liebt es euer Verstand, sich an Problemen festzubeißen. Ihr seid davon überzeugt, Herr über euren Verstand zu sein. Doch das ist ein gewaltiger Irrtum. Nicht ihr benutzt den Verstand, sondern der Verstand benutzt euch.

Ihr seid so mit eurem Verstand identifiziert, dass ihr euch zu seinem Sklaven gemacht habt. Doch der Verstand verliert seine Macht über euch, wenn ihr aufhört, euch mit ihm zu identifizieren. Durch diese klare nicht-identifizierte Sichtweise befreit ihr euch vom verselbständigten, zwanghaften Denken. Mit den Worten des chinesischen Zen-Meisters Fo-yan:

> Die Zen-Übung erfordert, dass man sich vom Denken unabhängig macht. Das ist die beste Art, Kräfte zu sparen.
> Löse dich einfach vom gefühlsbedingten Denken und sieh klar, dass es keine gegenständliche Welt gibt. Dann wirst du wissen, wie man Zen übt.

Zen-Meister Pai-chang, der Meister von Huang-po, gibt uns eine wunderbare Anweisung:

> Wenn dein Geist sich bewegt, so folge ihm nicht, und er wird sich von der Bewegung loslösen. Und wenn dein Geist auf irgendetwas ruht, so folge ihm nicht, und er wird sich von dem loslösen, worauf er ruht.

Wenn ihr wirklich eintreten wollt in den Bereich der Erleuchtung, dann ist es unbedingt notwendig, dass ihr euren Geist klar macht, so dass er leer ist wie der leere Raum. Löst euch von euren alten Anschauungen und von allen Anhaftungen!

Sprengt alle eure Begrenzungen! Hört auf, mit dem begrifflichen Denken die Wirklichkeit verstehen zu wollen, und eure falschen Ideen und Vorstellungen werden sich auflösen!

Befreit euch von allem, und ihr steht in der grenzenlosen Freiheit des Zen! Wenn ihr dies befolgt, dann seid ihr wirklich auf dem Weg zur Erleuchtung.

14

Der ursprüngliche Zustand des Geistes

Wenn jemand im eigenen Geist sich besinnt auf den ursprünglichen Zustand seines Geistes, lösen sich alle trügerischen Gedanken von selber auf in das Reich der letzten Wirklichkeit. Niemand ist mehr da, der Leiden verursacht, und niemand, der leidet.

MILAREPA (12. JH.)

Aus diesen Worten eines der bedeutendsten Meister des tibetischen Buddhismus geht klar hervor, dass der eigene Geist nicht unbedingt in der unmittelbaren Erfahrung seines Selbst-Seins, seines ursprünglichen Zustandes verweilt. Und doch ist der eigene Geist nie getrennt von seinem ursprünglichen Zustand – von diesem Einen Geist, der er selbst ist, und neben dem nichts anderes existiert.

Stellt euch vor: Ihr richtet einen Strohhalm hoch zum Himmel und schaut hindurch. Die unendliche Weite des Himmels verengt sich so zu einem kleinen Punkt innerhalb des begrenzten Blickfeldes.

Durch die Fixierung eures eingrenzenden, dualistischen Denkens verengt sich auf diese Weise eure Wahrnehmung zum mikrokosmischen Teilaspekt des kosmischen Geistes. Und so befindet ihr euch im bedauernswerten Zustand einer Bewusstseinsverengung mit der Illusion einer vermeintlichen Individualität, die sich von allem, was sie wahrnimmt, als getrennt erfährt.

Das, was ihr im Allgemeinen als »Ich« bezeichnet, hat keine Wirklichkeit aus sich selbst. Es ist lediglich eine flüchtige Verbindung sich ständig verändernder Energien. Euer sogenanntes individuelles Dasein ist in Wirklichkeit nichts weiter als ein ununterbrochen fortlaufender Prozess des Zusammenwirkens von unpersönlichen Daseinsfaktoren.

Diese Daseinsfaktoren, die Skandhas, werden im Buddhismus in fünf Gruppen eingeteilt. Sie werden in der Reihenfolge abnehmender Dichtigkeit und Materialität aufgezählt: Körperlichkeit, Empfindungen, Wahrnehmungen, Geistesregungen und Bewusstsein.

Es darf jedoch keine dieser Skandhas, noch die Skandhas in ihrer Gesamtheit, als ein für sich bestehendes, eigenständiges Selbst betrachtet werden, auch nicht das Bewusstsein, das in seiner Feinheit der Vorstellung einer Seele am nächsten kommt.

Das Bewusstsein ist hier nicht als ein unveränderliches Sein hinter den Erfahrungen zu verstehen, wie viele glauben, sondern als Bewusstseinsformationen – Bewusstseinsabläufe. Bewusstsein ist ein »Bewusstseinsprozess«. Es ist nicht eine Realität hinter den Erfahrungen, sondern Bewusstsein ist Ereignis, das heißt: eine Kette von aufeinanderfolgenden Bewusstseinsmomenten.

Die buddhistische Psychologie spricht hier von »Bewusstseinsblitzen«. Diese ergeben die Illusion eines kontinuierlichen, ununterbrochenen Bewusstseins. Es ist einer aufeinanderfolgenden Reihe von Lichtbildern vergleichbar, die mittels eines Filmprojektors auf der Leinwand die Illusion von Gegenständen und Bewegungen ergibt. Wir sehen zum Beispiel einen

Fluss, aber in Wirklichkeit sehen wir nur den Ablauf einer Unmenge von Bildern von Bewusstseinsmomenten, das heißt: es ist nur eine Kette von Momentexistenzen und -kombinationen.

Die einzelnen Momente aller Prozesse geistigen und physischen Lebens verändern sich ständig ohne Unterbrechung. Sie ändern sich so schnell, dass der Wechsel nicht bemerkt wird. Es existiert somit nichts anderes als eine Kette von Momentexistenzen und -kombinationen, in der Weise schnell aufeinander folgender Bewusstseinsblitze.

Alle einem Individuum und der von ihm erlebten Erscheinungswelt zugehörigen Daseinsfaktoren währen nur einen kurzen Augenblick – und im nächsten Moment ist von dem, was soeben ins Dasein trat, schon nichts mehr da.

Alle Persönlichkeitswahn bildenden Daseinsfaktoren sind unstabil und haben in Wirklichkeit kein Sein. Sie sind nur Schein, sie sind nur Ereignis und haben keinerlei unabhängige Existenz. Denn alles, was ins Dasein tritt, hängt von etwas Vorausgegangenem ab. Nichts ist Ding an sich, aus sich selbst heraus. Alles ist nur Ereignis in Form von Illusion der Erscheinung, bedingt durch Vorausgegangenes.

Alles, was Inhalt deiner Wahrnehmung werden kann, entsteht in Abhängigkeit von etwas anderem, und somit hat es einen Anfang. Doch alles, was einen Anfang hat, unterliegt dem Gesetz des Werdens und Vergehens und wird deshalb auch ein Ende haben. Anfang und Ende sind aber illusorische Momente. Sie sind innerhalb des Zeitmoments, doch Zeit und Raum haben keine Wirklichkeit.

Zeit und Raum sind nur Bewusstseinskategorien, das heißt: es sind vorausgegebene Bedingungen, mittels welcher das individuelle Bewusstsein eine vermeintliche Außenwelt wahrnimmt. In Wirklichkeit ist alles aber nur Vorstellung, das heißt »Idee«, und somit ein nicht aus sich selbst Seiendes.

Aber wir wollen jetzt nicht zu tief in die buddhistische Wahrnehmungspsychologie hineingehen, denn sonst fangen womöglich eure Köpfe noch an zu rauchen, und der Vortrag wird zu lang.

Wesentlich für euch ist vor allem zu wissen und zu erkennen, dass die Welt, so wie ihr sie wahrnehmt, nur eine Projektion ist. Sie ist eine Projektion des Bewusstseins – welches auch kein Sein an sich ist, sondern – Ereignis. Alle Wahrnehmungen und Vorstellungen, alle Gedanken sind somit nicht verschieden von dem Denker, denn die Gedanken sind illusorisch und der Denker, der die Gedanken denkt, ebenfalls. Somit ist der Denker nichts weiter als ein Ereignis – er hat kein wirkliches Sein. Jetzt kommen wir wieder auf unseren Ausspruch von Milarepa zurück:

Wenn jemand im eigenen Geist sich besinnt auf den ursprünglichen Zustand seines Geistes ...

Der ursprüngliche Zustand deines Geistes ist die Wirklichkeit hinter allen Erfahrungen. Es ist der Eine Geist, neben dem nichts anderes existiert und der ganz und gar unberührt bleibt von allem Wandel und Tod. Der Eine Geist und der eigene Geist sind in ihrer Essenz ein und die gleiche Wirklichkeit. Die Natur des eigenen

Geistes zu erkennen bedeutet demzufolge – die Natur der allumfassenden Ganzheit des Seins zu erkennen. Der Eine Geist ist wie die Leinwand hinter allen Bildern, Bewegungen, Farben und Formen eines Films. Wenn man diesen unbeteiligten Zuschauer aller Erfahrungen wahrnimmt, nimmt man den ursprünglichen Zustand des Geistes wahr, und:

> *... alle trügerischen Gedanken lösen sich von selber auf in das Reich der letzten Wirklichkeit.*

»Die trügerischen Gedanken« sind der ganze Ego-Prozess, das heißt der Prozess der Verfestigung und Aufrechterhaltung der Illusion einer scheinbaren Persönlichkeit und somit des Kreislaufs von Geburt, Altern, Verzweiflung, Krankheit, Schmerz und Tod. Mit anderen Worten: Die unpersönlichen Daseinsfaktoren und Samsara sind ein und derselbe Prozess.

Der eigene Geist ist aber niemals getrennt von der Wirklichkeit des Einen Geistes, ob er sich dessen bewusst ist oder nicht. In dem Augenblick, wenn die Eingrenzung des eigenen Geistes fällt, löst sich die Bewusstseinsverengung, die Pseudo-Individualität mit ihrer wahrgenommenen Welt, auf.

In dieser Erfahrung von Leerheit – weit und offen wie der Himmel – offenbart sich die grenzenlose Weite des Einen Geistes, der sich selbst begrenzte und mit dieser Begrenzung identifiziert hatte. In dieser Erleuchtungserfahrung ist es, als ob eine Seifenblase zerplatzt. Der innere Raum der Seifenblase und der äußere Raum lösen sich ineinander auf und werden eins.

Aber diese totale Befreiung des Geistes kannst du nicht willentlich »machen«. Du kannst sie nicht erzwingen. Du kannst nicht gegen die selbstgeschaffene Begrenzung ankämpfen, denn je mehr du dagegen ankämpfst, umso mehr verfestigt sie sich zu einem unüberwindbaren finsteren Kerker. Du kerkerst dich selbst ein in einen Kerker des Nichtwissens.

Und jetzt wollen wir den Ausspruch von Milarepa weiterverfolgen, der Satz geht nämlich weiter:

> *Wenn jemand im eigenen Geist sich besinnt auf den ursprünglichen Zustand seines Geistes, lösen sich alle trügerischen Gedanken von selber auf in das Reich der letzten Wirklichkeit. Niemand ist mehr da, der Leiden verursacht, und niemand, der leidet.*

»Wenn die Gedanken sich erheben, erheben sich alle Dinge«, sagt Huang-po, »und wenn die Gedanken schwinden, schwinden alle Dinge.« Und wenn alle Dinge schwinden, schwinden auch alle Persönlichkeitswahn bildenden Daseinsfaktoren und somit der ganze Samsara. Es verschwindet all das, was ein Pseudo-Individuum in seiner Gesamtkonstellation ausmacht.

Das Ego – das heißt: die Wahnidee einer für sich bestehenden Persönlichkeit – löst sich auf, und somit ist niemand mehr da, der Leiden verursacht. Und wenn niemand mehr da ist, der Leiden verursacht, gibt es auch keinen mehr, der leidet.

Leiden kommt nicht von außen – es kommt immer von innen. Denn die Vergänglichkeit alles Angenehmen, das du in der Welt erfährst, kann niemals Leid in dir verursachen, wenn du dich nicht daran festklammerst. Deshalb sagt Meister Eckhart:

> Alles Leid kommt her von Liebe und Zuneigung. Darum, habe ich Leid wegen vergänglicher Dinge, so habe ich und hat mein Herz noch Liebe und Hang zu vergänglichen Dingen. So ist es kein Wunder, wenn Gott zulässt, dass ich ganz zu Recht Schaden und Leid erdulde.

Wenn du das Angenehme oder besser – das in deiner Vorstellung Angenehme – festhalten willst und es sich dir entzieht, dann entsteht immer Leid. Aber das Ding selbst verursacht dir kein Leid. Nur die Anhaftung an das Vergängliche verursacht Leid. Denn Anhaftung ist Verfestigung, Verhärtung, und Verhärtung ist immer Erstarrung, Nichtbewegung. Es ist entgegen dem Fluss des Tao. Deshalb sagt ja auch der alte Lao-tse:

> Das Harte und Starre stirbt keinen guten Tod.

Und Zen-Meister Yüan-wu sagt:

> Alle Dinge werden wirklich im Nicht-Verweilen. Lass deinen Geist fließen, ohne bei irgendetwas zu verweilen. Ein alter Meister sagt: »Störe dich an nichts und verweile nicht bei irgendetwas, sei es von dieser Welt oder nicht.«
> Verweilst du bei etwas, so gerätst du ins Stocken und behinderst deine Wandlung.

Also: Löse dich von all deinen Konditionierungen! Löse dich von all deinen Identifikationen mit dem, was du zu sein glaubst und mit dem, was du irgendwann einmal erlebt hast! Befreie dich von allem intellektuellen Sperrmüll, den du in deinem Hirn aufgespeichert hast! Befreie dich von den Schatten einer toten Vergangenheit, die nicht wert sind, auch nur einen einzigen Gedanken daran zu verschwenden, die aber Grundlage der westlichen Psychologie sind.

Ohne dieses Wühlen in diesem Müll gäbe es keine westliche Psychologie, keine Therapie. Dies ist der Weg, das Pferd am Schwanz aufzuzäumen, und deshalb führt er immer nur im Kreis herum.

Du kannst dich bemühen, soviel du willst und versuchen, mittels der Psychologie einen Ausweg aus deiner heillosen Situation zu finden. Du bist verwirrt und bemühst dich mit aller Kraft, herauszukommen und verstrickst dich dadurch immer tiefer in das Rankengewirr der selbstverursachten geistigen Verwirrung. Auf diese Weise bleibst du gefangen in diesem geistigen Chaos, in dieser Verblendung, in deinem Gefängnis von Konditionierungen, Verhaltensmustern und Denkmodellen. Und zu guter Letzt kommt dabei heraus, dass du vielleicht in eine Psychose oder gar in eine Dauerpsychose fällst. Und schließlich landest du in der Klapse.

Darum rate ich euch: Befreit euch von all diesem Schwachsinn! Doch dieses Befreien könnt ihr nicht machen. Wenn ihr »jetzt«, in diesem Augenblick, so wie ihr hier vor mir sitzt, alles lasst wie es ist und in den unmittelbaren Augenblick des Jetzt versinkt, dann besinnt ihr euch auf euren ursprünglichen Zustand des

Geistes. Das bedeutet, dass ihr in einem Vergessen eurer selbst und aller Dinge alles loslasst und nicht an der Vorstellung von Vergangenheit und Zukunft haftet, die nichts weiter als leere Gedanken sind.

Vergangenheit, Gegenwart und Zukunft sind die Folgeerscheinung der Illusion von Raum und Zeit, doch dies ist alles nur wie ein Blatt, das vom Herbstwind am Fenster unseres Bewusstseins vorbeigeweht wird – fort ist es.

Raum und Zeit bilden die samsarischen Grundlagen eures Welterlebens. Doch ein einziger Augenblick der unmittelbaren Gegenwärtigkeit reiner Bewusstheit, und du befindest dich im absoluten »Jetzt«, und der Spuk von »Raum-Zeit-Illusion« löst sich auf. Hier gibt es kein Ich und kein Du, kein Kommen und kein Gehen, kein Vorher und kein Nachher. Hier ist nur das »Jetzt«, und dieses Jetzt ist die Wirklichkeit des göttlichen Seins, von der Meister Eckhart sagt: »Gott ist das absolute Nun.« Du brauchst nirgends zu suchen, du brauchst nirgendwo hinzugehen.

Wo willst du die Wirklichkeit deines Seins suchen, die du selbst bist? Wo willst du »das göttliche Licht« finden, »das in der Finsternis leuchtet«, wie es heißt im Prolog des Johannes-Evangeliums – wo willst du es finden, außer in dir selbst?

Doch ein Gedanke und ein weiterer Gedanke, und schon erheben sich Gefühle und Vorstellungen. Es erheben sich Gier, Hass und Verblendung, und der Samsara verfestigt sich so immer mehr. Dies alles überdeckt den wahren Zustand des Geistes, so dass das göttliche Licht, das in der Finsternis leuchtet, nicht erkannt werden kann.

Dieses Licht – dein wahres Sein – mittels des unterscheidenden Denkens, mittels des intellektuellen Erkenntnisvermögens suchen zu wollen wäre genauso, als wolltest du auf einem großen Platz eine brennende Kerze suchen bei strahlendem Sonnenschein. Vollkommen dunkel muss es sein. »MU« – Nichts! Nicht-Wollen, Nicht-Denken. Endlich den Mut haben, die Dinge so zu lassen, wie sie sind. Das ist das große Vertrauen, das es zu verwirklichen gilt.

Wichtig ist, dass du dieses große Vertrauen in dir erweckst. Dies geschieht dadurch, dass du nicht auf dich selbst baust, auf deine intellektuellen Möglichkeiten, sondern im Wu-wei, im Nicht-Tun verweilst und der allmächtigen Wesenheit des göttlichen Allgeistes die Möglichkeit gibst zu wirken. Wu-wei heißt: solcherart im Nicht-Tun zu verweilen, dass das Tao in dir und durch dich hindurch wirken kann. Mit den Worten Meister Eckharts: »Gott wirkt, und ich werde.«

Du kannst nichts erzwingen – allein schon deshalb, weil es nichts zu erreichen gibt. Sobald du glaubst, es gäbe irgendetwas zu erlangen, es gäbe irgendein Ziel zu erreichen, befindest du dich in der Hölle der Dämonen des unterscheidenden Denkens.

Diese Dämonen sind jedoch nichts anderes als deine eigenen Projektionen. Es sind deine selbsterzeugten inneren Spannungen, weil du einer Wunschvorstellung nachjagst, die nur in deinem Kopf existiert. Denn innere Spannung ist immer gehemmtes Wollen.

»Jetzt« ist alles da! (Zensho stößt mit dem Stock auf den Boden auf!!!) Euch fehlt überhaupt nichts. Nicht das Geringste. Was ist es also, was euch zu mir führt?

Was ist euer Anliegen? Söhne und Töchter des Allerhöchsten, Erscheinungsweisen der göttlichen Wirklichkeit. Ihr seid »absolutes Sein, grenzenloses Bewusstsein und ewige Glückseligkeit«, und alles andere sind nur Schäume, Träume und Schatten ohne jede Wirklichkeit. Deshalb sagt Milarepa:

Wenn jemand im eigenen Geist sich besinnt auf den ursprünglichen Zustand seines Geistes, lösen sich alle trügerischen Gedanken von selber auf in das Reich der letzten Wirklichkeit.
Niemand ist mehr da, der Leiden verursacht, und niemand, der leidet. Das erschöpfendste Studium aller heiligen Schriften lehrt uns nicht mehr als dies Eine.

Besinnt euch auf den ursprünglichen Zustand eures Geistes und vergesst niemals, wer ihr wirklich seid!

Identifiziert euch nicht mit dem, was ihr irgendwann einmal erlebt habt! Haltet euch nicht für das, was ihr glaubt, einmal gewesen zu sein, so wie ihr euch saht in eurem Nichtwissen und wie andere euch sahen oder immer noch sehen! Das hat alles genauso wenig Wirklichkeit wie ein Traum, den ihr irgendwann einmal geträumt habt.

15

Der alltägliche Geist ist der Weg

Ein Schüler des Zen kommt zu Zen-Meister Nansen und fragt ihn: »Was ist der Weg?«
Der Meister sagt: »Der alltägliche Geist ist der Weg.«
Der Schüler fragt: »Wie kann man diesen alltäglichen Geist erlangen?«
Der Meister antwortet: »Je mehr du nach ihm suchst, desto mehr verfehlst du ihn.«
Wiederum fragt der Schüler: »Wenn ich nicht nach ihm suche, wie kann ich dann wissen, dass er der Weg ist?«
Meister Nansen erwidert: »Der Weg ist keine Sache des Wissens, noch eine Sache des Nichtwissens. Wissen ist Illusion, Nichtwissen ist gleichgültige Unbewusstheit.
Wenn du den Weg verwirklichst, wird dein Geist weit und offen wie der Himmel, frei von allen Hindernissen und Begrenzungen. Wie also kann man das eine als richtig und das andere als falsch ansehen?«

»Was ist der Weg?« Dies ist die Frage des Schülers Joshu, der später selbst einer der bedeutendsten Zen-Meister wurde. »Was ist der Weg?« – das heißt: Was ist die Wahrheit, was ist der Weg der Buddhas? Mit anderen Worten: Was ist der Weg zur Erleuchtung? Der Meister antwortet: *»Der alltägliche Geist ist der Weg.«* Diese Aussage von Zen-Meister Nansen ist das Fundament des Zen.

Der alltägliche Geist des Zen ist vollkommen frei und ungekünstelt. Er ist ohne jede Unterscheidung von heilig und nicht heilig, religiös und nicht religiös, geistig und ungeistig, richtig und falsch. Er ist nichts anderes als euer gewöhnliches, natürliches Bewusstsein, in eurem ganz gewöhnlichen Leben.

Der alltägliche Geist ist wirklich ganz einfach und nichts Besonderes: Essen, Trinken, Schlafen, Lachen, Spazierengehen – die Blumen im Frühling, der Mond im Herbst. Mit den Worten von Zen-Meister Ma-tsu:

> Der Weg bedarf keiner Übung – sieh nur zu, dass du ihn nicht beschmutzt. Was ist Beschmutzung? Einen schwankenden Geist zu haben, der künstliche Massnahmen und Kniffe erklügelt, das ist Beschmutzung.
>
> Willst du den Weg direkt erfassen, so ist das gewöhnliche Bewusstsein der Weg. Das gewöhnliche Bewusstsein – damit meine ich den Geist, der ohne Künstlichkeit ist, ohne ich-bezogenes Urteil, ohne Anhaften und Zurückweisen.

»Der alltägliche Geist ist der Weg«, und er umfasst das ganze Leben. Denn der wahre Weg ist das Tao, das sich als die allem zugrunde liegende Wirklichkeit in allem offenbart.

Alles ist erfüllt von der Fülle Gottes. Alles ist wunderbar, so wie es ist. Jede Unterscheidung ist eine dualistische Sichtweise und eine Abweichung von der Wirklichkeit des göttlichen Seins. Dies ist ein Gedanke, den wir auch bei Meister Eckhart finden:

Ein Mensch gehe übers Feld und erkenne Gott, oder er sei in der Kirche und erkenne Gott. Erkennt der Mensch darum Gott mehr, weil er an ruhiger Stätte weilt, so kommt das von seiner eigenen Unzulänglichkeit her, nicht aber von Gottes wegen.
Denn Gott ist gleicherweise in allen Dingen und an allen Stätten und ist bereit, sich in gleicher Weise mit seinem ganzen Sein zu geben.

In allen Dingen und an jedem Ort, mitten im Alltag, gilt es, die Wirklichkeit unseres wahren Wesens zu erfahren – überall, in welcher Situation es auch sei, mitten im alltäglichen Leben. Dies ist der alltägliche Geist, und »der alltägliche Geist ist der Weg«. Der Weg und das Ziel sind eins, heißt es im Zen.

Du brauchst nirgendwo hinzugehen, um die höchste Wahrheit zu finden. Das Tao liegt unter deinen Fußsohlen. Hör auf zu projizieren und dich in das Rankengewirr deines unterscheidenden, begrifflichen Denkens zu verstricken! Mach deine Augen auf und sei gegenwärtig! Sei bewusst bei allem, was du tust!

Bist du wirklich gegenwärtig bei allem, was du tust, dann offenbart sich dir die Wirklichkeit deines wahren Seins – so wie sie ist. Dann verwandelt sich die ganze Welt für dich in ein strahlendes Paradies mit einer wunderbaren Ansammlung von herrlich leuchtenden Märchenblumen.

Die meisten Menschen glauben, der Weg zur Befreiung sei etwas Außergewöhnliches, und so suchen sie nach einem ganz besonderen Weg. Sie meinen: »Irgendwo muss doch da das Geheimnis sein, der bestimmte Weg, dieser bestimmte goldene Faden – wenn wir den finden, dann haben wir's.« Doch das ist ein großer Irrtum.

Ihr könnt noch so lange suchen – alles, was ihr finden werdet, ist nichts anderes als eine Ausgeburt des begrifflichen, unterscheidenden Denkens ohne jeden Wert. Egal in welcher Färbung, in welcher Form der Religion oder Philosophie es sich zeigt, es kann die Wirklichkeit nicht sein.

Auch der Zen-Schüler aus unserem Beispiel, der zu Zen-Meister Nansen kommt, glaubt, dass der Weg etwas ganz Besonderes sei. Und deshalb stellt er seinem Meister die Frage: *»Was ist der Weg?«* Doch Meister Nansens Antwort: *»Der alltägliche Geist ist der Weg«* ruft in ihm sofort die Frage auf: *»Wie kann man diesen alltäglichen Geist erlangen?«* Er möchte eine bestimmte Methode haben, ein System. Er möchte etwas Handfestes haben, was er anwenden kann. Aber Meister Nansen gibt ihm die verblüffende Antwort:

> *Je mehr du nach ihm suchst, desto mehr verfehlst du ihn.*

Dies ist für allgemeines und besonders für westliches Denken eine vollkommen unverständliche Aussage. Sie erscheint dem Verstand als vollkommen absurd und unlogisch. Denn im normalen Leben gilt: Je mehr man sich um etwas bemüht, umso größer ist der Erfolg. Je mehr man lernt, umso mehr weiß man. Je mehr Wissensstoff man sich einverleibt, desto mehr wird man mit einer Sache vertraut und weiß, um was es geht.

Doch glaube mir, du kannst sämtliche Schriften, die über Zen verfasst wurden, lesen und sogar auswendig im Kopf haben, und du bist trotzdem der Wahrheit des Zen noch nicht einen Schritt nähergekommen. Denn je mehr du danach suchst, desto mehr besteht die Gefahr, dass du dich an Begriffen und Vorstellungen festhältst. Je mehr Wissen du durch die philosophischen Schriften anhäufst, desto weiter entfernst du dich von deiner inneren Wirklichkeit.

Dem Schüler von Meister Nansen ist die Antwort noch nicht klar, und deshalb fragt er gleich weiter: *»Wenn ich nicht danach suche, wie kann ich dann wissen, dass er der Weg ist?«* – Und der Meister sagt:

> *Der Weg ist keine Sache des Wissens, noch eine Sache des Nichtwissens.*

Eine großartige Antwort von einem der größten Zen-Meister in der Geschichte des Zen. Diese Antwort enthält die gesamte Essenz des Zen.

Das Tao, der Weg, ist keine Sache des Wissens und keine Sache des Nichtwissens. Denn in eurem Gefangensein im logischen Dualismus glaubt ihr: »Wenn dem so ist, dass es keine Sache des Wissens ist, dann ist es halt etwas, was ich nicht wissen kann.« Aber auch dieser Gedanke wird von Meister Nansen sofort hinweggefegt, indem er sagt: *» ... der Weg ist auch keine Sache des Nichtwissens.«* Er ist weder dies noch das.

Wir können vom Tao, dem Weg, noch nicht einmal sagen, dass er ist – dass er Sein hat. Wir können vom Tao aber auch nicht sagen, dass es ein reines Nichts ist.

Deshalb sagt Huang-po:

> Das Tao existiert, aber in einer Weise, die zu wunderbar ist, als dass wir es erfassen könnten. Es ist eine Existenz, die keine ist, eine Nichtexistenz, die dennoch existiert. So existiert diese wahre Leere auf eine wunderbare Weise.

Der Weg hat weder mit Wissen noch mit Nichtwissen zu tun. Deshalb sagt Meister Nansen: »Wissen ist Illusion, Nichtwissen ist gleichgültige Unbewusstheit.« Dies soll aber nicht heißen, dass es vollkommen in Ordnung ist, wenn du den wahren Weg nicht verstehst.

Nimmst du dein Nichtwissen als selbstverständlich hin, dann lebst du weiterhin in geistiger Umnachtung das Leben eines erdgebundenen Durchschnittsmenschen. Wie die meisten Menschen fristest du dein jämmerliches Dasein in gleichgültiger Unbewusstheit.

Wenn du jedoch allen Ernstes davon überzeugt bist, du könntest das Tao, den wahren Weg verstehen, dann befindest du dich in einem bedauernswerten Zustand heilloser Verwirrung. Der wahre Weg ist jenseits von Wissen und Nichtwissen, und der alltägliche Geist ist vollkommen frei von allem Annehmen und Verwerfen. Er ist immer so, wie er ist, ohne jede Trübung. Er ist offen, klar und rein.

> *Wenn du den Weg verwirklichst, wird dein Geist weit und offen wie der Himmel, frei von allen Hindernissen und Begrenzungen.*

Diese Worte von Zen-Meister Nansen dürft ihr aber nicht so verstehen, dass ihr jetzt denkt: »Das ist ja eine wundervolle Verheißung – aber ich muss erst Erleuchtung erlangen, um das zu erleben.« Wenn du so denkst, begrenzt du dich nur selbst. Du schiebst das Erleben deines wahren Seins in die ferne Zukunft und versäumst dabei die Gelegenheit des gegenwärtigen Augenblicks. Sei »jetzt« hier, und das Tao ist »jetzt« Wirklichkeit.

Der ursprüngliche Zustand des Geistes als dein wahres Sein und der alltägliche Geist ist ein und dieselbe Wirklichkeit. Um das zu erfahren, brauchst du nichts anderes zu tun als – Nicht-Tun. Lass alles wie es ist, und gehe auf im gegenwärtigen Augenblick!

Sei weit und offen wie der Himmel – nicht konditioniert, nicht verspannt, nicht zielorientiert. Befreie dich von deiner Identifikation mit dem Verstand, der dich zum Sklaven des unterscheidenden, begrifflichen Denkens macht! Durch die Identifikation mit dem Verstand wird dein verselbständigtes Denken zwanghaft. Auf diese Weise vergeudest du sinnlos deine Lebensenergie.

Zwanghaftes Denken ist eine schlimme Krankheit, eine Sucht. Die Befreiung von dieser Sucht geschieht einzig und allein durch absolute Gegenwärtigkeit im Hier und Jetzt.

In diesem hellklaren Bewusstsein ist der alltägliche Geist mitten im Alltag in allen Dingen gegenwärtig. Er ist vollkommen frei von jedem absichtsvollen Handeln und von der Vorstellung von richtig und falsch. Alle deine täglichen Aktivitäten – sei es Essen, Trinken, Sitzen, Laufen – offenbaren den alltäglichen Geist.

Egal wo du bist, egal was geschieht, du bist weit und offen wie der Himmel, und somit bist du transparent und durchlässig. Du bist jenseits von Annehmen und Verwerfen, und du verweilst in der heiteren Gelassenheit des Geistes mitten im Trubel der Welt.

In diesem Augenblick – genau an diesem Ort, wo du jetzt bist – offenbart sich der alltägliche Geist als der Weg. Er ist weder in der Vergangenheit noch in der Zukunft zu finden.

Das Hier und Jetzt ist die Wirklichkeit, und alles andere ist Folgeerscheinung des Denkens und somit Illusion. Der alltägliche Geist ist der Weg, und somit ist er der Weg mitten im Alltag. Im alltäglichen Geist offenbart sich die Wahrheit des Zen, sie ist ganz einfach und nichts besonderes. Du brauchst dich nicht auf irgendetwas besonderes einzustellen.

> Einst kam ein anderer Schüler zu Zen-Meister Nansen und fragte ihn: »Hatten die Weisen der Vergangenheit irgendeine geheime Lehre, die ich noch nicht kenne?«
> »Ja«, sagte Meister Nansen.
> Begierig fragte der Schüler: »Was ist das für eine Lehre?«
> Und der Meister antwortete: »Es ist nicht der Geist, es ist nicht Buddha, es ist überhaupt nichts.«

Mit den Worten von Zen-Meister Nan-yüeh: »Alles, was ich darüber aussagen könnte, würde das Wesentliche verfehlen.« Die höchste Wahrheit kann nicht in Worten ausgedrückt oder beschrieben werden. Und dies ist so, weil die menschliche Sprache sehr begrenzt ist. Sie ist nicht dazu geschaffen, das mit Worten zu bezeichnen, was jenseits all dessen liegt, was Sinne und Verstand zu fassen vermögen.

Jeder Versuch, die unaussagbare Wirklichkeit innerhalb der Grenzen der beschränkten, menschlichen Sprache zu beschreiben, ist vollkommen sinnlos und bringt nur Verwirrung.

Aus diesem Grund sind die Zen-Meister stets bestrebt, ihre Schüler von allem intellektuellen Sperrmüll zu befreien. Mit allen Mitteln, sei es durch Fausthiebe, Stockschläge oder ohrenbetäubendes Gebrüll, sind sie bestrebt, das Durcheinander intellektueller Begriffe und Erklärungen zu zerschlagen. Ihr Bestreben ist es, den Schüler, wie im folgenden Beispiel, mit kompromissloser Gradlinigkeit zur Erleuchtung zu führen.

> Meister Yün-men betrat die Lehrhalle und sagte: »Der Buddha erreichte die Erleuchtung, als der Morgenstern erschien.«
> Da fragte ein Mönch: »Wie ist es, wenn man beim Erscheinen des Morgensterns die Erleuchtung erlangt?«
> Der Meister sagte: »Komm mal her, ich zeige es dir!«
> Der Mönch trat vor ihn hin.
> Der Meister schlug ihn mit seinem Stock und jagte ihn hinaus.

Ein weiterer großer Meister des Zen war der chinesische Zen-Meister Ma-tsu aus der Tang-Dynastie. Durch seine kraftvolle Methode der Vermittlung hatte er so manchen Schüler zur Erleuchtung geführt. Einer seiner bedeutendsten Schüler war Pai-chang, der durch Ma-tsus handgreifliche Lehrmethode zur Erleuchtung gelangte:

> Pai-chang befand sich eines Tages mit seinem Meister Ma-tsu im Garten hinter dem Kloster, als sie eine Schar Wildgänse am Himmel sahen. Nachdem die Wildgänse in der Ferne verschwunden waren, fragte Ma-tsu: »Was war das?«
> »Das waren Wildgänse, Meister.«
> »Wo sind sie?«, fragte Ma-tsu.
> »Sie sind weggeflogen, Meister.«
> Plötzlich packte Ma-tsu Pai-changs Nase und verdrehte sie ihm so heftig, dass dieser, vom Schmerz überwältigt, laut aufschrie: »Au, oh!«
> »Du sagst, sie seien weggeflogen«, sagte Ma-tsu, »doch wie kommt es dann, dass sie alle von Anfang an hier gewesen sind?«
> Pai-chang trat der Schweiß aus allen Poren – er war auf der Stelle erleuchtet.

Einem wahren Zen-Meister geht es immer nur darum, den Geist des Schülers zu klären, damit er den ursprünglichen Zustand seines Geistes erfährt. Dieser reine, leere Geist ist »dein wahres Angesicht vor deiner Geburt«. Diese ursprüngliche, geburt- und todlose Wirklichkeit vor allem Sein ist stets gegenwärtig, auch wenn du sie nicht erfährst. Es ist nicht so, dass sie mal mehr und mal weniger gegenwärtig ist. Nein, sie ist immer unverändert gegenwärtig – nur »du« bist nicht gegenwärtig. Mit den Worten Meister Eckharts:

> Gott ist drinnen, und du bist draußen – dies ist in Wirklichkeit dein ganzes Problem.

Würdest du deine ganze Energie, die du ständig sinnlos vergeudest, indem du darüber nachgrübelst, was alles ist, was gewesen war und wie und was alles sein könnte, nach innen richten, dann würde sich dein wahres Angesicht vor deiner Geburt offenbaren. Dann würdest du die ewig selbst-seiende Urwesenheit des göttlichen Seins als dein wahres Selbst erfahren. Mit den Worten des chinesischen Zen-Meisters Huang-po:

> Dann werden sich euch die Buddhas aller Weltsysteme in einem Augenblick offenbaren. Ihr werdet die Scharen der sich windenden und hin und her bewegenden Lebewesen als bloße Schatten erkennen. Kontinente, so zahllos wie die Staubkörner, erscheinen euch dann nicht mehr zu sein als ein einziger Tropfen des großen Meeres.
> Die tiefsten Lehren, die ihr jemals hörtet, werden euch Träume und Trugbilder sein. Ihr werdet allen Geist als den Einen Geist erkennen und alle Dinge als Eins wahrnehmen.

16

Das direkte Erfassen der Wirklichkeit

Der Eine Geist allein ist Buddha, und es gibt keinen Unterschied zwischen Buddha und den Lebewesen.

ZEN-MEISTER HUANG-PO (9. JH.)

»Der Eine Geist allein ist Buddha.« Der Eine Geist und die Wirklichkeit eures Selbst-Geistes ist ein und dieselbe Wirklichkeit. Doch nur die wenigsten Menschen glauben daran, dass ihr eigener Geist Buddha – das Absolute ist. Die meisten Zen-Schüler nehmen dies nicht ernst und leben daher in ihren selbstgeschaffenen Fesseln und Zwängen.

All eure Erziehungssysteme und Glaubensvorstellungen konditionieren euch und machen euch verrückt. Ihr seid blind geworden für die Wirklichkeit eures wahren Seins, so dass ihr nicht mehr imstande seid zu erkennen, wer und was ihr in Wahrheit seid.

Eure ganzen Verhaltensmuster und eingefahrenen Denkgewohnheiten schaffen ein Umfeld, in dem ihr euch selbst gefangen habt und aus dem ihr nicht mehr herauskommt. In dieser Situation der heillosen Verwirrung frage ich euch: Was ist die Wirklichkeit eures wahren Seins? Warum wendet ihr euch nicht um und schaut auf euer ursprüngliches Angesicht vor eurer Geburt?

Die Welt, die du erlebst, wird nur aufgrund von Dualität wahrgenommen. Sie ist die Reflexion deines eigenen Bewusstseins. Ohne Dualität existiert auch keine äußere Erscheinungswelt. Die Welt ist nichts weiter als eine Vorstellung, eine Projektion – sie existiert nur in eurem Bewusstsein.

Ihr habt euch verfangen in eurem selbstverursachten Rankengewirr des unterscheidenden, begrifflichen Denkens. Ihr habt euch selbst zur Gans in der Flasche gemacht und seid dem Philosophen Ryoku auf den Leim gegangen.

> Eines Tages kommt der hochgelehrte Philosoph Ryoku zu Zen-Meister Nansen und sagt:
> »Es gibt da ein Koan, das mich schon seit langem beschäftigt. Könnt ihr mir bitte helfen, das Problem zu lösen?«
> »Gut, dann lege mal los«, sagt Meister Nansen.
> Ryoku begann: »Also, stellt euch vor, hier stünde eine große Flasche mit einer Öffnung, gerade so groß, dass man ein Gänseei hineinlegen könnte. Nach einiger Zeit bricht das Ei auf, und es kommt ein Gänseküken heraus. Es wird immer größer und größer, und auf einmal befindet sich eine voll ausgewachsene Gans in der Flasche.
> Nun frage ich euch: Wie bekommt ihr die Gans aus der Flasche heraus, ohne dass die Flasche kaputtgeht und ohne dass die Gans Schaden erleidet?«
> Meister Nansen ist für eine Weile still ... Plötzlich brüllt er mit lauter Stimme: »Ryoku!« – so dass dieser erschrocken zusammenzuckt – »Ja, Meister?«
> »Schau, die Gans ist draußen!«

Der Philosoph hatte sich in dieses ganze gehirnakrobatische Rankengewirr des unterscheidenden, begrifflichen Denkens so heillos verfangen, dass er sich selbst zur Gans gemacht und sich so in seine selbstgeschaffene Flasche hineinprojiziert hatte.

In der Praxis des Zen geht es deshalb darum zu erkennen, dass die Flasche – das heißt eure selbstgeschaffenen, dualistischen Begrenzungen – nur eine Projektion des unterscheidenden, begrifflichen Denkens ist. Hört einfach auf zu projizieren und seht die Dinge so, wie sie sind!

Im Zen geht es letztlich darum, klar zu sehen, wach zu werden und schließlich ganz aufzuwachen. Solange du träumst, befindest du dich in deinem Traum – als Gans in der Flasche. Wenn du aber aufwachst, gibt es weder Gans noch Flasche.

Wenn ihr im mühelosen Gewahrsein des Geistes die unterscheidende, dualistische Sichtweise übersteigt, dann seid ihr in der natürlichen Klarheit und erlangt das allumfassende Bewusstsein. Dies nennt man im Zen die Verwirklichung der »nicht-unterscheidenden Klarschau des Geistes«.

Das einzige, was Unterscheidung schafft, das ist dieser ununterbrochene Wirbel von Gedanken, Vorstellungen und Begriffen, von Gefühlen und Konditionierungen in Form von Verhaltensmustern und Denkmodellen. Dies alles bildet einen dichten Schleier über das strahlende Licht des Selbst-Geistes.

Deshalb gebe ich euch den Rat: Lasst euch »jetzt« ein auf das Jetzt! Denn wenn du es jetzt nicht tust, wann willst du es dann tun? Befrei dich von allem!

Sei jetzt in diesem Augenblick wirklich hier, ohne Gedanken, ohne Begriffe und ohne Vorstellungen! Befreie dich von allen Konzepten und hafte weder an Vergangenheit noch Zukunft! Mach keine Unterscheidung zwischen Erleuchtung und Nichtwissen, zwischen Leben und Tod! Geh ganz auf in diesem Augenblick! Dies ist der Weg des direkten, augenblicklichen Erfassens der Wirklichkeit, so wie sie ist.

Seid ohne Gedanken! Denn wenn die Gedanken sich erheben, erheben sich alle Dinge und somit alle Probleme; doch wenn die Gedanken schwinden, schwinden alle Dinge und somit alle Probleme. Also – keine Gedanken und keine Begriffe! Seid einfach so wie ihr seid – natürlich und spontan. Doch sagt nicht: »So, jetzt bin ich ganz entspannt im Hier und Jetzt«, denn dann seid ihr schon wieder verspannt und fixiert, und ihr habt schon wieder ein Ziel.

Mushotoku – ohne Ziel und Streben nach Gewinn –, heißt es im Zen. Lasst euch ganz auf den gegenwärtigen Augenblick ein – hier-jetzt – und haltet nichts fest! Haltet euch auch nicht an der Stille fest, so dass euch irgendwelche Geräusche von außen stören! Hört ihr einen Ton – dann seid ganz der Ton. Werdet selbst zum Geräusch eines vorbeifahrenden Autos, werdet zum Gesang des Vogels und zum Bellen des Hundes. Was es auch sei, alles ist das Eine. Der Wahrnehmende, der Wahrnehmungsprozess und das Wahrgenommene – alles ist eine einzige Wirklichkeit.

Alles ist der Eine Geist, neben dem nichts anderes existiert. Dies gilt es zu erkennen und sich ganz darauf einzulassen. Doch da könnte bei dem einen oder anderen die Furcht hochkommen, so dass er sagt: »Wenn ich so konsequent alles hinter mir lasse und mich ganz auf das Jetzt einlasse, wer weiß, was da alles passieren kann? Da kann es vielleicht geschehen, dass ich plötzlich eine solche Bewusstseinsveränderung – eine Bewusstseinsleere – erlebe, die mich in einen gähnenden Abgrund hineinzieht. Vielleicht geschieht es, dass ich in solch eine Leere hineinfalle, aus der ich nie mehr zurückkomme.« Doch da sagt der chinesische Zen-Meister Po-chan (17. Jh.):

> Man sollte sich keine Sorgen darüber machen, ob man fähig sein wird, nach dem mystischen Tod wieder ins Leben zurückzukehren. Worüber man sich Sorgen machen sollte, ist, ob man aus dem Seinsstand »Leben« hinauszusterben vermag!
> Die alten Meister sagten: »Mutig loslassen am Rande der Klippe. Wirf dich selbst in den Abgrund, voll Entschlossenheit und Vertrauen! Erst nach dem Tod beginnen wir zu leben. Das allein ist die Wahrheit.«

Die Angst vor dem Loslassen ist nichts anderes als Folgeerscheinung eures Nichtwissens. Ihr identifiziert euch mit euren Bewusstseinsinhalten und seid davon überzeugt, dass dies eure Wirklichkeit sei.

Doch in dem Augenblick, wenn plötzlich die Bewusstseinsinhalte wegfallen und ihr für einen kurzen Moment an den Grenzbereich der Leere des Geistes kommt – dann sucht ihr in panischer Angst sofort einen Haltepunkt. Ihr klammert euch sofort fest an eure

Persönlichkeitswahn bildenden Identifikationen. Ihr klammert euch in panischer Angst fest, weil ihr in eurem Nichtwissen glaubt, dass die den Persönlichkeitswahn bildenden einzelnen Daseinsfaktoren – Körperlichkeit, Empfindungen, Wahrnehmungen, Geistesregungen und Bewusstseinsformationen – eure Persönlichkeit ausmachen.

Die Angst, den Geist leer zu machen und in die Leere zu fallen, ist Folgeerscheinung des Nichtdurchschauens der trügerischen Natur aller Erscheinungen und der daraus resultierenden Anhaftung. Doch wenn du plötzlich erkennst, dass alle Erscheinungen, das ganze Universum, alles, was es auch sei, der unteilbare Eine Geist ist in der Erscheinungsweise dessen, als was er uns erscheint – was gibt es da noch zu fürchten?

Dieser Eine Geist ist die Quelle allen Lebens. Er ist das Leben, dass allem Leben Leben gibt, und somit das Leben selbst. Was gibt es noch zu fürchten für den Wassertropfen, wenn er hineinfällt in den großen Ozean und sich darin auflöst, so dass er sich selbst als den unendlichen Ozean erfährt?

Die Angst, die ihr vor der Leere habt, resultiert einzig und allein nur daher, dass ihr nicht wisst, dass euer eigener Geist der Eine Geist und somit die Leere ist. Und so sagt auch Zen-Meister Huang-po:

> Ihr wisst nicht, dass euch in dem Augenblick, in dem ihr das begriffliche Denken aufgebt und ihr eure Unruhe vergesst, Buddha erscheinen wird; denn der Geist ist Buddha, und Buddha ist alle Lebewesen.

Das einzige Problem ist nur die Angst, die ihr habt, das begriffliche Denken aufzugeben. Es ist die Angst vor dem Nichts, die Angst vor der totalen Vernichtung.

Ihr habt eine panische Angst vor dem Tod – und dabei seid ihr sowieso schon tot! Ihr seid schon tot, weil ihr euch noch nie auf euer wahres Sein, auf das Leben, dass allem Leben Leben gibt, eingelassen habt. Ihr seid schon tot, weil ihr in Wirklichkeit Angst vor dem Leben habt. Ihr habt euch noch nie auf das Leben, das sich im gegenwärtigen Augenblick des »Hier und Jetzt« offenbart, eingelassen, und der Tod rückt immer näher. Und deshalb habt ihr Angst.

Doch eure Angst ist nichts weiter als ein leeres Gefühl. »Wo die Gefühle sich erheben, geht die geistige Klarschau verloren«, sagt Zen-Meister Lin-chi.

Ein wahrer Mensch des Zen hat keine Angst vor dem Tod. Weil er alles Wissen und Verstehen aufgegeben hat, steht er in der allumfassenden Fülle des Lebens und lebt aus der Weisheit der nicht-unterscheidenden Klarschau des Geistes. So sagt auch der chinesische Zen-Meister Yüan-wu:

> Wenn du dein früheres Wissen und Verstehen preisgeben kannst, wenn du dein Herz offen sein lässt und nichts mehr im Sinn behältst, so dass du eine klare leere Festigkeit erfährst, wo Rede und Denken keine Gültigkeit haben, dann wirst du mit dem Grundlegenden verschmelzen, ins Unendliche einsinken und die innewohnende nicht-unterscheidende Weisheit erlangen, die kein Erlangen kennt.

Die Weisheit der nicht-unterscheidenden Klarschau ist die Realität eures Selbst-Seins, sie ist das absolute »Hier«, das absolute »Jetzt«. Es ist die Wirklichkeit eures wahren Seins, die sich jetzt-hier offenbart. Es ist das strahlende Licht des Einen Geistes, der mit seinem Glanz das ganze Universum erleuchtet. Wirklich den Mut zu haben, sich von allem, was es auch sei, zu befreien, ist der Weg zur Erleuchtung.

Wirf alle Meinungen weg, alle Vorlieben und Abneigungen! Selbst das allerkleinste Hindernis muss weggeräumt werden, denn das Größte ist dem Kleinsten gleich, und das Kleinste ist dem Größten gleich. Dies sagt uns auch das Koan aus dem Mumonkan, einer Koan-Sammlung aus dem 13. Jahrhundert. Da heißt es:

> Eine Kuh geht durch ein Fenster.
> Ihr Kopf, ihre Hörner, ihr Bauch und ihre vier Beine sind schon durchgegangen.
> Doch wie kommt es, dass ihr Schwanz nicht hindurchgeht?

Um es klar und deutlich zu sagen: Das Licht des Einen Geistes strahlt erst dann auf, wenn alles, was sich vor dem Licht befindet – und sei es noch so klein, schön und heilig –, hinweggefegt wird. Zen-Meister Huang-po drückt es so aus:

> Der Geist ist von strahlender Klarheit erfüllt. Deshalb werft die Dunkelheit eurer alten, toten Begriffe fort. Befreit euch von allem!

Mit anderen Worten: Lass nichts – und sei es noch so heilig und voller philosophischer Weisheit – zwischen dich und die direkte unmittelbare Erfahrung deines wahren Wesens treten!

Zen ist die freiste und unmittelbarste Lehre, bei der es nichts zu tun oder zu lernen gibt. Es ist der Weg, der zum direkten und augenblicklichen Erfassen der Wirklichkeit, so wie sie ist, führt.

Zen ist ein Leben ohne Fesseln, ein Leben in Freiheit und ist die Freiheit selbst. Deshalb zerbrecht eure selbstgeschaffenen Ketten des anhaftenden, kleinen Ichs – und euer wahres Selbst erstrahlt in seiner ganzen Herrlichkeit, allumfassend und alles durchdringend!

Glossar

Advaita-Vedanta Skrt., eines der drei wesentlichen philosophischen, theologischen Systeme im hinduistischen Vedanta. Sein wesentlicher führender Vertreter war Shankara (9. Jh.), einer der größten Heiligen und Philosophen Indiens. Der Advaita-Vedanta lehrt, dass der göttliche Allgeist →Brahman, das Selbst →Atman und die äußere Erscheinungswelt vollkommen eins sind. In Shankaras Viveka-Chudamani, dem »Kleinod der Unterscheidung«, steht: »Du bist Brahman, reines Bewusstsein, der Zuschauer aller Erfahrungen und dein wahres Wesen ist Glückseligkeit.«

Amida jap. für →Amitabha (Skrt.)

Amitabha Skrt., »Grenzenloses Licht«, jap. »Amida«. Einer der wichtigsten Buddhas im →Mahayana-Buddhismus. Er ist der Buddha des »westlichen Paradieses« →Sukhavati, das keinen bestimmten Ort, sondern einen Bewusstseinszustand grenzenlosen Lichtes von Liebe und Erkenntnis meint. Nach der Lehre des Shin-Buddhismus wird jeder, der im tiefen Vertrauen Amitabhas Namen anruft (vor allem in der Todesstunde), im Sukhavati-Paradies wiedergeboren. In der »Reines Land-Schule« lautet die Anrufung Namu Amida Butsu, »Verehrung dem Buddha Amitabha«. →Nembutsu

Anfänger-Geist →Shoshin

Anitya Skrt., wörtl.: »Unbeständigkeit, Vergänglichkeit«. Im Buddhismus eines der drei Merkmale alles bedingt Entstandenen und somit alles Seienden. Alles, was entstanden ist, dauert eine Weile an und zerfällt dann wieder – es entsteht, besteht und vergeht. Unbeständigkeit ist das Grundgesetz des ganzen Daseins. Aus ihm leiten sich die beiden weiteren Daseinsmerkmale ab: »Nicht-Wesenhaftigkeit (Anatman)« und »Leidhaftigkeit (Duhkha)«.

Avalokiteshvara Skrt., »der Herr, der auf alles herabschaut oder der die Rufe der Welt erhört«. Er ist der →Bodhisattva des Mitgefühls und verkörpert das allumfassende Mitgefühl (→Karuna) mit allen leidenden Wesen. Er trägt auch den Beinamen »Mahakaruna«, das große Erbarmen, einer der wesentlichen Aspekte eines Buddha. Der andere wesentliche Aspekt eines Buddha ist Weisheit (→Prajna) – in besonderer Weise von dem Bodhisattva →Manjushri verkörpert. Avalokiteshvaras grenzenloses Erbarmen zeigt sich in seiner ständigen Bereitschaft, allen Wesen, die sich in ihrer Not an ihn wenden, zu helfen. Avalokiteshvara wird in Tibet als →Chenresi verehrt, in China als →Kuan-yin und in Japan als →Kannon (auch Kwannon oder Kanzeon).

Avatamsaka-Sutra Skrt.→Hua-yen

Avidya Skrt., wörtl.: »Nichtwissen, Nichterkenntnis«. Avidya gilt als die Grundursache für das Gebundensein an den →Samsara – den Kreislauf von Geburt und Tod. Das Nichtwissen ist die Wurzel allen Leidens, denn es ist jene Geistesverfassung, die mit der Wirklichkeit nicht übereinstimmt. Im →Mahayana-Buddhismus wird Avidya als die Nichterkenntnis der Leere (→Shunyata) aller Dinge bezeichnet. Die Nichterkenntnis der trügerischen Natur aller Erscheinungen ist somit die eigentliche Ursache allen Leidens.

Atman Skrt. Im Hinduismus das unsterbliche wahre Selbst des Menschen. Als absolutes Bewusstsein ist es der unbeteiligte Zuschauer hinter allen Erfahrungen und identisch mit →Brahman.

Bardo tibet., wörtl.: »Zwischenzustand«, bezieht sich auf den Zwischenzustand zwischen Tod und Wiedergeburt. Die buddhistische Lehre betont sehr stark die richtungsbestimmende Kraft des Geisteszustandes eines Sterbenden (das heißt tugendhaft, nicht tugendhaft oder neutral) und auch die negativen Einflüsse von Gier, Hass und Verblendung während des Bardo selbst.

Bi-yän-lu chin., wörtl.: »Niederschrift von der smaragdenen Felswand«, jap. Hekigan-roku. Die wichtigste Koan-Sammlung des Zen-Buddhismus (→Zen) neben dem →Mumonkan. Sie wurde im zwölften Jahrhundert von dem chinesischen Zen-Meister Yuän-wu, einem der bedeutendsten Meister in der Geschichte des Zen herausgegeben. Es handelt sich hierbei um eine Sammlung von 100 →Koans, die, mit zusätzlichen Texten versehen, zu den Höhepunkten der gesamten Zen-Literatur gehören.

Bodhi Skrt., wörtl.: »Erwachen, Erleuchtung«. →Satori

Bodhichitta Skrt., »Erleuchtungsgeist«, das Bestreben, Erleuchtung zum Wohl aller Wesen zu erlangen, um sie aus dem Leid zu befreien. Auch der direkte Ausdruck des erwachten Geistes selbst.

Bodhisattva Skrt., wörtl.: »Erleuchtungswesen«. Ein Mensch, der nach dem Erreichen der Erleuchtung (→Satori) sein Leben in den Dienst anderer Menschen stellt, um ihnen zur Befreiung zu verhelfen. Die Bezeichnung Bodhisattva wird auch oft für einen zukünftigen →Buddha angewandt.

Brahman Skrt., das eine, ewige, alles durchdringende Absolute, Ursprung und Träger des ganzen Universums. Die Philosophie des Vedanta (→Advaita-Vedanta) lehrt, dass Brahman – das überpersonelle Absolute und →Atman – das wahre Selbst in allen Wesen eins sind. Brahman, die allein seiende Wirklichkeit, ist die Essenz und das Selbst (Atman) allen Seins. Das Viveka-Chudamani, eine der bedeutendsten Schriften des Advaita-Vedanta, sagt: »Atman ist eins mit Brahman. Dies ist die höchste Wahrheit: Brahman allein ist wirklich. Es gibt nichts anderes als ihn. Wenn er als die höchste Wirklichkeit erkannt ist, existiert nichts anderes als Brahman.« Die Erkenntnis, dass Brahman und Atman eins sind, gilt als das höchste Ziel, weil sie Befreiung von dem Gebundensein an den →Samsara, den Kreislauf von Geburt und Tod bringt.

Buddha Skrt., wörtl.: »der Erwachte«. 1. Der historische Buddha Shakyamuni, der ca. 563 v. Chr. in Indien geboren wurde. 2. Ein Mensch, der die zur Befreiung aus dem Kreislauf von Geburt und Tod (→Samsara) führende vollkommene Erleuchtung (→ Satori) verwirklicht hat. 3. Die letzte Wahrheit, das wahre Wesen allen Seins.

Buddha-Dharma Skrt. (jap. Buppo), das »Buddha-Gesetz«. Die Lehre des historischen Buddha Shakyamuni. Im →Zen bezeichnet Buddha-Dharma jedoch nicht die Lehre, die durch Worte vermittelt werden kann, sondern die dem unterscheidenden, begrifflichen Denken unzugängliche höchste Wahrheit. Es ist jene essentielle Wahrheit, die zu Buddhas Lehre führte und die nur in einem unmittelbaren Begreifen, in der Erleuchtungserfahrung (→Satori), erfasst werden kann.

Buddha-Natur Skrt., »Buddhata«, die wahre Natur aller Wesen. Sie ermöglicht dem Menschen, Erleuchtung (→Satori) zu erlangen.

Chakra Skrt. →Kundalini

Chan chin. für →Zen (jap.)

Chenresi tibet., wörtl.: der »Herr, der seinen Blick nicht vom Leiden abwendet«. Die tibetische Form des →Boddhisattvas →Avalokiteshvara. Ihm ist das in Tibet am meisten rezitierte →Mantra →OM MANI PADME HUM gewidmet.

Daigo-Tettei jap., wörtl.: »Großes →Satori, das bis zum Boden reicht«. Höchste vollkommene Erleuchtung. Eines seiner wesentlichen Merkmale ist das Erleben der leeren Weite und die Aufhebung aller Gegensätzlichkeit mit dem Zunichtewerden des kleinen Ichs. Weiterhin das Erlebnis, dass das ganze Universum und der Selbst-Geist vollkommen identisch sind.

Dharma Skrt., ein Begriff mit unterschiedlicher Bedeutung. Die Lehren des →Buddha. Die universelle Ordnung und ihre Gesetzmäßigkeit. In diesem Buch hauptsächlich im Sinne der Lehre des →Zen gebraucht.

Dharmakaya Skrt., »Körper der großen Ordnung«. Das unbeschreibbare wahre Wesen der →Buddhas, zugleich das Wesen des Universums.

Dorje tib., »Diamant«. →Vajra

Dzogchen tibet.→Mahamudra

Erleuchtung →Satori

Erleuchtungsgeist →Bodhichitta

Großer Tod →Satori

Hara jap., wörtl.: »Bauch, Unterleib«. Dieser im →Zen gebräuchliche Begriff bezeichnet den etwa drei Fingerbreit unterhalb des Bauchnabels befindlichen

Bereich als die Mitte allen Seins. Es ist die Mitte des Menschen und zugleich der Mittelpunkt des Universums. Durch die Praxis des →Zazen und die richtige Atmung entsteht in diesem Zentrum große Energie und Kraft. Als das Zentrum der Energie ist Hara im Zen der Ausgangspunkt aller Aktivität (etwa im Sinne von »aus dem Bauch handeln«, aber im Zen doch noch viel weiter gehend).

Hinayana Skrt., »kleines Fahrzeug«. Älteste Schule der beiden Hauptrichtungen des Buddhismus. Die ursprünglich abfällige Bezeichnung »kleines Fahrzeug« stammt von den Vertretern des späteren →Mahayana-Buddhismus. Das Bestreben der Hinayana-Buddhisten ist vorwiegend auf die Erlangung der eigenen Befreiung aus dem →Samsara, dem Kreislauf von Geburt und Tod ausgerichtet. Der Befreiung anderer Wesen aus dem Leidensmeer des Samsara wird dabei wenig Beachtung geschenkt. In dem Rettungsboot des kleinen Fahrzeugs ist nur Platz für eine Person. Das Hinayana wird als die erste Stufe von Buddhas Lehre angesehen. Erst später offenbarte →Buddha die vollkommene Lehre des Mahayana.

Hishiryo jap., wörtl.: »das dem Denken Unermessliche« oder auch: Denken ohne zu denken.

Ho! chin. Dieser kraftvolle, laute Schrei dient Zen-Meistern oft als schockartiges Ausdrucksmittel, um das fixierte, unterscheidende Denken des Schülers zu sprengen.

Hua-yen chin., (jap. Kegon, Skrt. Avatamsaka), wörtl.: »Blumenschmuck« oder »Girlande«; ursprünglich der Name eines umfangreichen →Mahayana-Textes. Das Hua-yen wird von vielen chinesischen und japanischen Buddhisten als die Krone aller buddhistischen Lehren und als die Vollendung buddhistischen Denkens und Erkennens betrachtet. Hua-yen ist die Lehre des ganzheitlichen Seins und zugleich eine Synthese aller wesentlichen Gedanken des Mahayana. Im Hua-yen wird der universelle Eine Geist mit einer grenzenlosen Meeresoberfläche verglichen, in der alle Dinge und Ereignisse in einem gegenseitigen Durchdringen ein allumfassendes Ganzes sind, das alles in sich beschlossen hält. Alles befindet sich in vollkommener Harmonie miteinander, denn alles ist die Manifestation des einen Prinzips – ähnlich den Wellen auf dem Meer. Alles im Universum, ob belebt oder unbelebt, ist somit der Eine Geist, neben dem nichts anderes existiert.

Ishin-Denshin jap., wörtl.: »den Geist durch den Geist übermitteln«. Ein wesentlicher Begriff des →Zen, oft auch übersetzt mit »Übertragung von Herz-Geist zu Herz-Geist«. Der Begriff stammt aus dem Plattform-Sutra des sechsten Patriarchen Hui-neng. In diesem →Sutra erklärt Hui-neng, dass die Wahrheit des Zen nur durch eigene Erfahrung in einem unmittelbaren Verstehen der wahren Natur möglich ist. Gelehrsamkeit durch Buchwissen ist wertlos – daher auch das Zerreißen der Sutras bei Hui-neng. Zen-Meister Huang-po sagt: »Es gibt kein Verständnis durch Worte, sondern nur eine Übertragung von Geist zu Geist.«

Joriki jap. Die durch Zen-Meditation (→Zazen) erworbene Kraft der Konzentration.

Kannon, Kanzeon oder auch Kwannon, jap. für den →Bodhisattva →Avalokiteshvara.

Karma Skrt., wörtl.: »Handlung oder Tat«. Das Gesetz von Ursache und Wirkung, nach dem alle Gedanken und Handlungen eine entsprechende Wirkung nach sich ziehen. Hierdurch bestimmen wir die Qualität unseres eigenen Lebens und beeinflussen das Leben anderer.

Karuna Skrt., wörtl.: »Mitgefühl«, allumfassendes Mitgefühl. Eine der beiden Haupttugenden im →Mahayana-Buddhismus; die andere ist →Prajna. (→Avalokiteshvara)

Kensho jap., Selbst-Wesensschau. →Satori

Kinhin jap., Übung der Geh-Meditation, wird in der Regel zehn bis fünfzehn Minuten zwischen den einzelnen →Zazen-Sitzzeiten praktiziert. Im traditionellen →Rinzai-Zen ist der Laufschritt schnell und zügig, im →Soto-Zen hingegen sehr langsam. Einige zeitgenössische Zen-Meister geben oft ein mittleres, zwischen diesen beiden Gangarten liegendes Tempo vor.

Koan jap., wörtl.: »öffentlicher Aushang« (chin. Kung-an). Im →Zen die Bezeichnung für eine paradoxe Aussage eines Zen-Meisters, die auf die letztendliche Wahrheit verweist. Ein Koan soll dem Schüler des

Zen dazu verhelfen, das unterscheidende, dualistische Denken zu überwinden, um die Wahrheit jenseits allen Denkens zu erfahren. Koans spielen eine wichtige Rolle in der Zen-Schulung. Ein Koan enthält eine Frage, auf die es für den Verstand keine Antwort gibt. Um es zu lösen, bedarf es einer höheren Intuition (→Prajna). Ein Koan ist jedoch alles andere als ein Rätsel, da es an den Schüler die Anforderung stellt, jegliches sich Stützen auf eine normale Weise des Verstehens aufzugeben. Die Antwort liegt außerhalb der Logik und soll den Schüler zum Durchbruch, zur erleuchteten Klarschau des Geistes (→Satori) verhelfen.

Kreislauf von Geburt und Tod →Samsara

Kuan-yin chin. für →Avalokiteshvara

Kundalini Skrt., »Schlangenkraft«. Die in jedem Menschen im Muladhara-Chakra am unteren Ende der Wirbelsäule ruhende spirituelle Energie. Wird sie erweckt, steigt sie die Wirbelsäule hinauf und durchdringt die einzelnen Chakras (Zentren subtiler, feinstofflicher Energie), bis sie den tausendblättrigen Lotus des Sahasrara-Chakra über dem Scheitelpunkt des Kopfes erreicht. Dort, im siebten Zentrum außerhalb des grobstofflichen Körpers, vereinigt sich diese kosmische Energie schließlich mit dem Göttlichen.

Leere, Leerheit →Shunyata

Lila Skrt., wörtl.: »Spiel«. Im Hinduismus ist Lila das göttliche Spiel in der Erscheinungswelt. Die gesamte Schöpfung wird als das Spiel Gottes bezeichnet.

Mahamudra Skrt., »Großes Symbol«. Hauptsächliche Lehre der Kagyü-Schule des tibetischen →Vajrayana-Buddhismus. Mahamudra wird auch als das »Große Siegel« übersetzt. Hierdurch wird die Bedeutung der Endgültigkeit, wie bei einem Siegel, zum Ausdruck gebracht. Ähnlich wie bei der Dzogchen-Praxis (→Dzogchen) in der Nyingma-Linie geht es bei der Mahamudra-Praxis darum, die Licht-Natur des Geistes direkt zu erkennen und so zur Erleuchtung (→Satori) zu gelangen.

Mahayana Skrt., wörtl.: »Großes Fahrzeug«, im Gegensatz zur früheren orthodoxen Schulrichtung des →»Hinayana«. Der Mahayana-Buddhismus misst dem allumfassenden Mitgefühl (→Karuna) und dem Wunsch, allen Wesen zur Befreiung zu verhelfen, eine größere Bedeutung zu als der Enthaltsamkeit. Das Mahayana bezieht auch die helfende Kraft der →Buddhas und →Bodhisattvas mit ein.

Mahayana-Buddhismus, Mahayana-Lehre →Mahayana

Maitri Skrt., wörtl.: »Güte und Erbarmen«. Eine der Haupttugenden im Buddhismus. Es ist die von allen Anhaftungen freie, großzügige Güte gegenüber allen Wesen.

Maitreya Skrt. (jap. Miroku), wörtl.: »Der All-Liebende«. Einer der fünf irdischen→Buddhas, die Verkörperung der allumfassenden Liebe. Als letzter irdischer Buddha wird dieser sich zur Zeit im Tushita-Himmel aufhaltende Buddha von den Mahayana-Buddhisten als kommender Weltenlehrer in etwa dreißigtausend Jahren erwartet.

Maitri-Karuna wörtl.: »Güte und Mitgefühl«. Grundlegende Geisteshaltung eines →Bodhisattva, die in seinem Wunsch, alle Wesen zur Befreiung zu führen, zum Ausdruck kommt.

Makyo jap., etwa: »teuflische Phänomene«, trügerische, ablenkende Erscheinungen und Empfindungen, die bei der Zen-Meditation (→Zazen) auftreten können. Makyos können in sehr unterschiedlicher Weise auftreten; als schöne Klänge, Gerüche, Gesichter, prophetische Visionen, manchmal auch als Levitation. Makyos sind jedoch durchaus harmlos, solange der Zazen-Praktizierende ihnen keine Beachtung schenkt und in seiner Übung unbeirrt fortfährt.

Manjushri Skrt. (jap. Monju), wörtl.: »Der edel und sanft ist«. Einer der bedeutendsten →Bodhisattvas im →Mahayana-Buddhismus. Manjushri ist die Verkörperung der Weisheit. Er wird meistens mit seinem Schwert der Weisheit, beim Durchschlagen der Unwissenheit dargestellt. Seine tantrische zornvolle Erscheinung ist die des stierköpfigen Yamantaka, des Bezwingers des Todes.

Mantra Skrt., eine mit spiritueller Kraft geladene Silbe oder eine Reihe von Silben, die der Praktizierende verbal oder im Geist rezitiert. Die ständige Wiederholung eines Mantras führt über die Läuterung des Denkens zur Verwirklichung des wahren Wesens. Ein Mantra ist jedoch nur dann mit transformierender Macht ausgestattet, wenn man es persönlich – direkt vom Meister erhalten hat (→OM MANI PADME HUM).

Mara Skrt., Pali, wörtl.: »Mörder, Zerstörer (des Lebens)«. Mara ist die Verkörperung der Hindernisse auf dem Weg zur Befreiung. Als der Versucher und die Erscheinungsweise des Unheilsamen kann man ihn mit dem christlichen Teufel, dem »Vater der Lüge« vergleichen. Als Maras Gehilfinnen gelten seine drei Töchter: rati – die Lust, avati – die Unzufriedenheit und tanha – die Gier. Außerdem steht Mara ein ganzes Heer von Dämonen zur Seite.

Maya Skrt., wörtl.: »Illusion, Schein, Täuschung«. In der Vedanta-Philosophie (→Vedanta) ist Maya die Macht der großen Illusion. Sie verschleiert dem Menschen die Sicht, so dass er die letzte Wirklichkeit →Brahman nicht erkennen kann. Shankara bringt Maya mit →Avidya, dem Nichtwissen in Verbindung. Das Nichtwissen, das heißt das Nichterkennen der letzten Realität Brahman bringt durch Verschleierung die Wahnvorstellung einer äußeren Erscheinungswelt in Raum und Zeit hervor. Der →Mahayana-Buddhismus bezeichnet Maya als eine Täuschung oder Illusion, so wie ein von einer Fata Morgana erzeugtes Trugbild. Die einzelnen Dinge sind bedingt und haben keine Existenz aus sich selbst, sie sind letztlich leer (→Shunyata) und reine Vorstellung.

Ming-Dynastie chinesische Zeitepoche, 1368 – 1644

Mondo jap., »Frage-Antwort« (chin. »Wen-ta«), ein Dialog zwischen Zen-Meister und Schüler, oft aber auch nur zwischen Meistern. Auf eine die buddhistische Wahrheit oder ein existentielles Problem betreffende Frage erhält der Schüler meistens eine paradoxe Antwort (→Koan), die sich vom Verstand nicht einordnen lässt. Die Absicht, die dahinter liegt, ist, die Schranken des unterscheidenden, begrifflichen Denkens zu sprengen, so dass der Schüler eine Antwort aus seinem innersten Herz-Geist erhalten kann.
Ein sehr bekanntes Mondo ist: Ein Zen-Mönch fragte Zen-Meister Joshu: »Was ist der Sinn dessen, dass der erste Patriarch aus dem Westen gekommen ist?« Joshu sagte: »Die Zypresse im Hof.«

Mu jap. (chin. Wu), wörtl.: »Nichts, Nicht-Sein, ist nicht, hat nicht, un-, kein«. Einer der zentralen Begriffe des →Zen und des →Taoismus. Er bezeichnet das vollkommene Freisein von allen Identifikationen und Anhaftungen und steht auch für die Verwirklichung der Leere (→Shunyata). In der bekannten Koan-Sammlung des →Mumonkan begegnen wir dem »Mu« im ersten Beispiel »Joshus Hund«, im Zen wird es auch »das →Koan Mu« genannt: »Ein Mönch fragte Meister Joshu ehrerbietig: ›Hat ein Hund die →Buddha-Natur oder nicht?‹ Joshu antwortete: ›Mu‹«.

Mudra Skrt., spezielle Handhaltung mit symbolischer Bedeutung.

Mumonkan jap., wörtl.: »Die torlose Schranke«. Neben dem →Bi-yän-lu die bedeutendste Koan-Sammlung des Zen-Buddhismus (→Zen). Es enthält eine Sammlung von 48 →Koans, zusammengestellt und mit kurzen Zen-Darlegungen versehen von Zen-Meister Mumon (13. Jh.).

Mushin jap. (chin. Wu-hsin); »Nicht-Denken, Abgeschiedenheit des Geistes«. Eine vollkommen absichtslose, natürliche Geistesverfassung jenseits allen Denkens.

Nembutsu jap. (chin. Nien-fo), Anrufung des Namens von →Buddha →Amitabha. Die wesentliche Meditationsform der buddhistischen Schule des Reinen Landes (→Reines Land-Schule). Die rezitierte Anrufung lautet: »Namu Amida Butsu« (jap. für »Verehrung dem Buddha Amitabha«). Das im vollkommenen Vertrauen und mit absoluter Hingabe rezitierte Nembutsu führt zur Wiedergeburt im →Sukhavati, dem Westlichen Paradies des Buddha Amitabha.

Nirvana Skrt., wörtl.: »Verlöschen«. Der Zustand vollkommener Befreiung (→Erleuchtung) im Gegensatz zu →Samsara, dem Gebundensein an den Kreislauf von Geburt und Tod. Der →Zen-Buddhismus sieht Nirvana nicht als getrennt von der Welt, sondern als einen Bewusstseinszustand, in dem der Mensch sein wahres Wesen verwirklicht und somit das Leiden überwindet.

OM altindisches, heiliges Symbol. Es ist eines der wichtigsten →Mantras im →tantrischen Buddhismus, das im ganzen Osten verbreitet ist. Es bezeichnet die allumfassende, alles durchdringende Gegenwart des Absoluten im Universum. Es ist der heilige Urklang, der allgemein den Anfang und die Essenz des gesamten Kosmos als Schwingung wiedergibt. (siehe auch →Mantra und →OM MANI PADME HUM)

OM MANI PADME HUM Skrt., wörtl.: »→OM, Juwel (im) Lotus, HUM«. Anrufungsformel für den →Bodhisattva →Avalokiteshvara. »OM« und »HUM« kennzeichnen in diesem →Mantra den Anfang und das Ende und symbolisieren die Totalität. Die Bedeutung von »Juwel im Lotus« bezieht sich auf die Gleichsetzung des Juwels mit dem Erleuchtungsgeist (→Bodhichitta) mit dem Wunsch, ihn im Lotus des Bewusstseins zu erwecken. Die Tibeter wiederholen dieses Mantra ständig, um ihre eigene Hingabe und Verbundenheit mit Avalokiteshvara, dem Bodhisattva des Mitgefühls, zu stärken.

Prajna Skrt., wörtl.: »Weisheit« (Pali: Panna, jap. Hannya). Im →Mahayana-Buddhismus ist Prajna die intuitiv erlebte Einsicht in die Leere (→Shunyata) aller Erscheinungsformen. Prajna ist eines der wesentlichen Kennzeichen der Buddhaschaft.

Pratitya-Samutpada Skrt., wörtl.: »Entstehen in wechselseitiger Bedingtheit und Abhängigkeit«. Die Lehre von der Kette des bedingten Entstehens ist die Grundlage aller buddhistischen Schulen. Ein tieferes Verständnis des Buddhismus hängt vom Begreifen dieser Lehre ab. Der Pratitya-Samutpada zeigt, dass alle Erscheinungen nur eine empirische Gültigkeit haben und letztlich ohne Wirklichkeit sind. Alle Erscheinungen stehen in einem kausalen bzw. konditionalen Abhängigkeitsverhältnis voneinander und zueinander. Etwas nicht Abhängiges, aus sich selbst Seiendes, lässt sich nicht auffinden.

Reines Land (chin. Ching-tu, jap. Jodo) →Sukhavati

Reines Land-Schule →Amitabha

Rinzai-Schule (chin. Lin-chi-tsung, jap. Rinzai-shu). Neben der →Soto-Schule eine der beiden vorherrschenden Schulen des Zen-Buddhismus (→Zen) in Japan. Das hervorstechende Merkmal des Rinzai ist die systematische Verwendung von →Koans zur Verwirklichung der Erleuchtung (→Satori).

Roshi jap., wörtl.: »alter, verehrungswürdiger Meister«. Ursprünglich Titel eines Zen-Meisters. In alter Zeit konnte ein Zen-Mönch diesen Titel nur sehr schwer erringen. Er wurde nur jenen verliehen, die anerkanntermaßen den →Buddha-Dharma durch unmittelbare Erfahrung verwirklicht hatten und fähig waren, ihn in den Alltag zu übertragen. Vollkommene Erleuchtung (→Satori) und eine reife Persönlichkeit mit einem standhaften Charakter waren die notwendige Voraussetzung. Heutzutage sind wirkliche, voll erleuchtete Zen-Meister in Japan äußerst selten anzutreffen. Die Bezeichnung

»Roshi« ist heute zu einem allgemeinen Titel eines Zen-Lehrers, egal ob Mönch oder Laie, entwertet worden. Aus Achtung vor ihrem Alter und ihrer Position werden Mönche oft als »Roshi« angesprochen, so dass diese Bezeichnung heute leer und nichtssagend geworden ist.

Samadhi Skrt. (jap. Sanmai oder Zanmai), wörtl.: »Festmachen, Fixieren«. Ein Zustand der Absichtslosigkeit und Freiheit von Gedanken. Es ist die durch die Beruhigung der Geistestätigkeit hervorgerufene Sammlung auf ein einziges Objekt. In diesem nicht-dualistischen Bewusstseinszustand wird der Meditierende mit dem Objekt der Meditation vollkommen eins. Jeglicher Dualismus und der Glaube an ein für sich bestehendes, von allem anderen getrenntes Selbst sind im Samadhi überwunden. Dieser von allem Denken freie Bewusstseinszustand des Samadhi ist aber keine Stumpfheit oder Gefühlslosigkeit. Vielmehr handelt es sich hierbei um das hellklare Gewahrsein des Geistes. Der im Samadhi Versunkene erlebt ein intensives Gefühl von Beseeligung psychisch-physischer Natur, das unendlich größer ist als alles, was er zuvor je erlebt hat.

Samsara Skrt., wörtl.: »Wanderung«. Der Kreislauf von Geburt und Tod. Das Ziel aller Buddhisten und Hinduisten ist die Befreiung aus dem Samsara und somit die Überwindung des Leidens. Es ist die Befreiung aus dem Gebundensein an das Rad von – Geburt, Altern, Verzweiflung, Krankheit, Schmerz und Tod.

Sat-Chit-Ananda Skrt., wörtl.: »Sein (Sat), Bewusstsein (Chit), Glückseligkeit (Ananda)«. Im →Vedanta bezeichnet dieser Ausdruck die in der Erfahrung der →Erleuchtung erlebte unaussagbare Wirklichkeit des Absoluten, →Brahman, als absolutes Sein, grenzenloses Bewusstsein und Glückseligkeit.

Satori jap. (chin. Wu). Zen-Begriff für das Erlebnis der Erleuchtung, das heißt des Erwachens. Satori ist weit mehr als ein intuitives Begreifen des wahren Wesens bei einer Kensho-Erfahrung (→Kensho), da derjenige, der Satori erfährt, vollkommen in ihm aufgeht. Satori wird im →Zen als die Wiedergeburt des wahren Selbst beschrieben, nachdem das falsche, illusorische Selbst, der Ich-Wahn, den »Großen Tod« gestorben ist.

Sesshin jap., wörtl.: »Sammeln des Herz-Geistes«. Mehrtägige intensive →Zazen-Sitzungen, unterbrochen von Ansprachen des Meisters und der Möglichkeit zum Einzelgespräch (Dokusan).

Shastra Skrt., wörtl.: »Lehrbuch, Belehrung«.

Shikantaza jap., »Nur-Sitzen«. →Soto-Schule

Shoshin jap., »Anfänger-Geist«. Die zur Zen-Schulung unter einem Meister notwendige wahre Geistesverfassung eines Zen-Schülers. Es ist jene offene Geisteshaltung, in der der Schüler erkennt, dass er nichts weiß. Es ist die unbedingte Voraussetzung zum Loslassen all dessen, was Sinne und Verstand zu fassen vermögen.

Shunyata Skrt. (jap. Ku), wörtl.: »Leere, Leerheit«. Der Mahayana-Lehre zufolge besitzen alle Dinge keine selbständige dauerhafte Substanz. Alle Dinge sind leer und somit ohne Selbstnatur. Die Shunyata-Lehre ist eines der grundlegenden Merkmale des gesamten →Mahayana-Buddhismus und somit auch des →Zen. Sie ist sehr subtil und in Worten nicht aussagbar. Obwohl eine sehr umfangreiche Literatur dieses Thema behandelt, wird Shunyata nur dem wirklich voll begreiflich sein, der sie selbst in der Erleuchtungserfahrung (→Satori) erlebt hat.

Skandha Skrt.(Pali: Khandha), »Gruppe, Anhäufung«. Im Buddhismus die fünf Gruppen, aus denen sich das, was man allgemein als die menschliche Persönlichkeit bezeichnet, zusammensetzt und bestimmt wird.

1. Körperlichkeitsgruppe (Rupa)
2. Empfindungsgruppe (Vedana)
3. Wahrnehmungsgruppe (Samjna)
4. Geistesregungen, psychische Formkräfte (Samskara)
5. Bewusstsein (Vijnana)

Das, was wir im Allgemeinen als unsere Perönlichkeit bezeichnen, ist in Wirklichkeit nichts weiter als ein bloßer Prozess dieser psychisch-physischen Phänomene.

Soto-Schule (chin. Tsao-tung-tsung, jap. Soto-shu). Neben der →Rinzai-Schule eine der beiden vorherrschenden Schulen des Zen-Buddhismus (→Zen) in Japan. Das Soto benutzt im Gegensatz zum Rinzai keine →Koans als Hilfsmittel, sondern praktiziert ein Zen des ausschließlichen Nur-Sitzens →Shikantaza, wörtl.:

»nichts als sitzen«. Wegen seinem Beharren auf der Gleichsetzung des →Zazen mit der Erleuchtung (→Satori) wurde das Soto auch »stilles Erleuchtungs-Zen« genannt.

Sukhavati Skrt., »das Glückvolle«, das westliche Paradies, das von →Buddha →Amitabha regiert wird. Eine Wiedergeburt im Sukhavati-Paradies bewirkt, dass man nicht mehr in eine Wiedergeburt in andere Bereiche zurückfallen kann (→Nembutsu).

Sung-Dynastie chinesische Epoche, 960 – 1278

Sutra Skrt., wörtl.: »Leitfaden«. Sutras sind die wichtigsten Texte des Buddhismus. Die meisten Sutras sind Lehrreden →Buddhas. Im →Mahayana-Buddhismus wurden später viele zusätzliche Sutras verfasst und als autoritativ angesehen. Ihre Entstehungszeit liegt zwischen dem 1. Jh. v. Chr. und dem 6. Jh. n. Chr.

Tang-Dynastie chinesische Epoche, 618 – 906; Zeit der Hochblüte des Zen-Buddhismus (→Zen).

Tantrayana →Vajrayana

Tantrischer Buddhismus →Vajrayana

Tao chin., wörtl.: »Weg«, zentraler metaphysischer Begriff des →Taoismus. Das Tao ist das Absolute, das grundlegende allumfassende Prinzip; die letztendliche Wahrheit. Das Tao bildet den Mittelpunkt von Lao-tses

→Tao Te King und der Lehre des Chuang-tse. Das Ziel aller Taoisten ist, im Einklang mit dem Tao zu leben. Verstandesmäßige Erkenntnis ist nicht ausreichend, es geht vielmehr darum, die Einheit, Einfachheit und →Leerheit des Tao zu verwirklichen. »Absichtsloses Handeln«, →Wu-wei, wörtl.: Nicht-Tun, gilt als die wesentliche Geisteshaltung eines Taoisten.

Taoismus Es gibt zwei Hauptströmungen des Taoismus – die philosophische: Tao-chia und die religiöse: Tao-chiao. Tao-chia geht auf den taoistischen Meister Lao-tse und sein Buch, das →Tao Te King zurück. Absichtsloses Handeln im Einklang mit dem →Tao gilt hier als das höchste Ideal. Der religiöse Taoismus hingegen hat die physische Unsterblichkeit zum Ziel. Es soll erreicht werden mittels Atemübungen, körperlichen Übungen und bestimmten sexuellen Praktiken.

Tao Te King chin., wörtl.: »Das Buch vom Tao und der wahren Tugend«. Ein dem taoistischen Altmeister Lao-tse zugeschriebenes Werk aus dem 6. Jh. v. Chr. Es besteht aus fünftausend Schriftzeichen und wird deshalb auch »Das Buch der fünftausend Zeichen« genannt. Als das Grundlagenwerk des →Taoismus ist das Tao Te King zugleich eines der bedeutendsten und meistübersetzten Bücher der Weltliteratur; deutsche Übersetzung: Zensho W. Kopp, Lao-tse, Tao Te King, Schirner Verlag 2005. Verborgen und geheimnisvoll wie das →Tao, von dem er spricht, muss uns auch der Verfasser des Tao Te King erscheinen. Lao-tse soll ein sehr hohes Alter von über hundert Jahren erreicht haben. Er lebte in Tschou, doch

als er sah, dass Tschou im Verfall begriffen war, ging er fort. Am Grenzpass angekommen, traf er auf den Grenzwächter Yin-Hsi, der den Meister erkannte und ihn bat, doch etwas Schriftliches zurückzulassen. Darauf schrieb Lao-tse sein Buch, das Tao Te King, in dem er seine Gedanken vom Tao und der wahren Tugend ausdrückte. Danach zog er auf einem Wasserbüffel reitend von dannen. Niemand weiß, wo er geendet.
Das Tao Te King lehrt uns, dem »Weg des Himmels« zu folgen, das Nicht-Tun →Wu-wei zu üben und so die Kraft der wahren Tugend in uns wirken zu lassen. Denn der Himmel ist ohne Tun und wirkt doch alle Dinge, Wei-wu-wei, wörtl.: Tun das Nicht-Tun. Der Mensch, der so im Einklang mit dem harmonischen Wandel des Himmels steht, wird zu einer Offenbarung des Tao inmitten der Welt und erlangt über den Tod hinaus Unsterblichkeit.

Tathata Skrt., »Soheit, So-Sein, das was ist«. Ein zentraler Begriff des →Mahayana-Buddhismus. Er bezeichnet das Absolute, die wahre Natur aller Dinge. Tathata liegt jenseits aller dualistischen Begriffe, es ist unveränderlich und das Gegenteil vom Scheinbaren der Phänomene. Als das So-Sein aller Dinge ist es formlos, ungeschaffen und ohne Selbstnatur. Es ist identisch mit der →Buddha-Natur und somit gleichbedeutend mit dem →Dharmakaya.

Tathagata Skrt., wörtl.: »Der So-Gegangene (So-Dahingelangte, So-Gekommene)«. Diese Bezeichnung soll als Würdetitel die Identität Buddhas als vollkommenes

Wesen zum Ausdruck bringen. Als vollkommen erleuchteter →Buddha wirkt er als Vermittler zwischen dem Absoluten und der phänomenalen Welt.

Te chin., wörtl.: »Tugend, Kraft«. Die Wirkkraft des →Tao, wie sie sich im Menschen, der im Einklang mit dem Tao lebt, offenbart, nennt Lao-tse in seinem →Tao Te King: »Te«, die wahre Tugend. Es ist das, was man als spontanes Gelebtwerden durch das Tao bezeichnen kann. Obwohl Te im Allgemeinen mit Tugend übersetzt wird, darf man nicht übersehen, dass es mit dem herkömmlichen Tugendbegriff, wie wir ihn sonst verstehen, nichts zu tun hat. Te ist nicht die Tugend moralischer Rechtschaffenheit, die durch ihr Haften an äußeren Sittenvorschriften zur tugendbewussten Geisteshaltung entartet, weshalb Lao-tse sagt:
»Hohe Tugend ist nicht tugendbewusst, darum ist sie wahre Tugend. Niedere Tugend ist tugendbewusst, darum ist sie nicht wahre Tugend.« (Kap. 38) Wirkliche wahre Tugend entspringt einem inneren Gleichgewicht, das wir als innere Kraft zu verstehen haben. Es ist die ausstrahlende und segensreich wirkende Kraft des Tao, die auf die Umgebung des im Tao verwurzelten Weisen als wohltuende, spontane Güte wirkt.

Thanka Skrt., ikonographische Abbildung. Im →tibetischen Buddhismus ein auf Stoff gemaltes und in Seidenstoff eingefasstes Rollbild. Es erfüllt verschiedene religiöse Funktionen.

Tibetischer Buddhismus →Vajrayana

Upanishaden Skrt.: Upanishad, wörtl.: »in der Nähe sitzen«, das heißt in der Nähe des Meisters sitzen, um die geheime Lehre zu empfangen. Die Upanishaden sind eine Gattung von Texten, die den Schlussteil des Veda bilden und sind die grundlegende Basis des →Advaita-Vedanta. Sie behandeln die letzte Wahrheit und gehören zu den heiligen Offenbarungsschriften des Hinduismus.

Vajra Skrt. (tib.: Dorje); »Diamant«, Diamantzepter. Symbol für die Unzerstörbarkeit der Leere (→Shunyata), als das wahre Wesen und die Essenz alles Seienden.

Vajrayana Skrt., wörtl.: »Diamant-Fahrzeug«, oft als tantrischer Buddhismus und auch als tibetischer Buddhismus bezeichnet. Im Vajrayana arbeitet der Praktizierende schöpferisch mit der ihm von seinem Meister gegebenen Imagination. Dies geschieht, indem er sich mittels →Mantra und Visualisation mit seinem →Yidam – der bildhaften besonderen Erscheinungsweise eines →Buddha identifiziert. Aus diesem Grund spielen Buddhastatuen, Mandalas und →Thankas (ikonographische Abbildungen) als Gedächnisstütze zur Visualisierung im tantrischen Buddhismus eine große Rolle.

Vajrayana-Buddhismus →Vajrayana

Vedanta Skrt. →Advaita-Vedanta

Wu chin., wörtl.: »Nichts, Nicht-Sein«. →Mu

Wu-hsin chin. →Mushin

Wu-wei chin., wörtl.: »Nicht-Tun«, im Sinne von »absichtsloses Handeln«. Dieser taoistische Begriff ist aber nicht mit einem passiven Nichtstun zu verwechseln. Vielmehr meint Wu-wei die Geisteshaltung des Nicht-Eingreifens in den natürlichen Lauf der Dinge. In Wirklichkeit ist Wu-wei eine im höchsten Grade wirksame Geistesverfassung, aus der jede Aktion zu jeder Zeit möglich ist. Indem der taoistische Weise das Nicht-Tun lebt, steht er im Einklang mit dem →Tao, dessen universelle Wirkkraft gerade durch seine Aktionslosigkeit zur Geltung kommt. Und so sagt der taoistische Altmeister Lao-tse in seinem →Tao Te King: »Das Tao ist ewig ohne Tun, doch nichts bleibt ungetan.«
Es handelt sich beim Wu-wei also um ein schöpferisches Nicht-Handeln, ein tatenloses Tun, dem die Geisteshaltung des Nicht-Eingreifens mit dem Mut des Geschehenlassens zugrunde liegt. Das Wu-wei übersteigt die beiden Extreme: rastlose Geschäftigkeit und absolutes Nichtstun. Es ist ein Nicht-Tun des Nichtigen, welches zugleich ein Wirkenlassen des Notwendigen ist.

Yamantaka Skrt. →Manjushri

Yidam Skrt. →Vajrayana

Zanmai jap. →Samadhi

Zazen jap., wörtl.: »Sitzen in Versunkenheit«, (chin. Tsao-chan). Die im →Zen übliche Praxis der Meditation. Als die zentrale Praxis des Zen wird Zazen von allen großen Meistern des Zen als die unentbehrliche und grundlegende Übung angesehen. Zazen ist das inhaltsfreie, auf kein Objekt gerichtete Verweilen des Geistes in einem Zustand hellklarer Achtsamkeit.

Zen jap., eine Abkürzung von »Zenna«, die jap. Lesart des chinesischen channa (Kurzform chan), das wiederum eine Übertragung des Sanskritwortes Dhyana ist. Der Zen-Buddhismus entwickelte sich im 6. und 7. Jahrhundert in China durch Bodhidharmas Übermittlung des indischen Dhyana-Buddhismus und dessen Verbindung mit dem chinesischen →Taoismus. Charakteristisch für das Zen ist seine besonders starke Ausrichtung auf die Erleuchtungserfahrung (→Satori). Wesentlich im Zen ist auch die durch Meditation (→Zazen) herbeigeführte Entwicklung zum intuitiven Begreifen, anstelle intellektuellen Studiums.

Die wesentlichen Merkmale des Zen wurden in der frühen →Tang-Dynastie in vier kurze chinesische Sätze zusammengefasst:

1. Übertragung außerhalb der orthodoxen Lehre
2. Unabhängigkeit von heiligen Schriften
3. Direktes Deuten auf den Herz-Geist
4. Schau in die eigene Natur und Erlangen der Buddhaschaft

Zen-Buddhismus →Zen

Kontaktadresse

ZEN-ZENTRUM
TAO 道禪 CHAN

Tao Chan Zentrum e.V.
Gemeinnütziger Verein
Yorckstraße 6
D-65195 Wiesbaden

Das Zen-Zentrum Tao Chan steht unter persönlicher Leitung von Zen-Meister Zensho W. Kopp.
In den vielen Jahren seines Wirkens als spiritueller Meister hat sich eine große Gemeinschaft von Schülern um ihn gesammelt, die er regelmäßig unterweist.

Zen-Wochenende

Einmal im Monat leitet Zen-Meister Zensho ein zweitägiges Zen-Wochenende, an dem auch interessierte Gäste teilnehmen können.

Information und Anmeldung

Tel. +49 (0)611 940 623 -1 Fax -2
E-Mail info@tao-chan.de
www.tao-chan.de

Zensho W. Kopp

Zen-Worte der blitzartigen Erleuchtung

Mit umfangreicher
Koan- und Mondosammlung

320 Seiten, 17,95 €
ISBN 978-3-89767-915-3
Hardcover
Schirner Verlag

Dieses sehr direkte, lebendige Zen-Buch birgt in sich die Kraft, unser Selbst- und Weltverständnis in seinen Grundfesten zu erschüttern. Es zerstört die Erstarrungen unseres unterscheidenden, logischen Denkens und beraubt es seiner Stützen.

Mit klaren Worten offenbart Zen-Meister Zensho hier, anhand zahlreicher Zen-Mondos und Zitate der alten chinesischen Zen-Meister, die tiefe Wahrheit des Zen. In seiner kraftvollen und zugleich humorvollen Art der Unterweisung verzichtet er auf jede langatmige Deutung und bringt die Dinge direkt auf den Punkt. Hierbei stellt er immer wieder unseren gesunden Menschenverstand auf den Kopf, auf dass wir fähig werden, über die engen Grenzen unseres gewöhnlichen Denkens hinauszugehen.

Das Buch enthält eine einzigartige Sammlung der besten Koans und Mondos der Zen-Literatur.

Zensho W. Kopp

Zen und die Wiedergeburt der christlichen Mystik

Ein Wegführer
zum wahren Selbst

280 Seiten, 8,95 €
ISBN 978-3-8434-4426-2
Taschenbuch
Schirner Verlag

Der große Zen-Weg

Der Weg zur Erleuchtung
mitten im Leben

Unterweisungen eines
westlichen Zen-Meisters

187 Seiten, 7,95 €
ISBN 978-3-89767-408-0
Taschenbuch
Schirner Verlag

100 Juwelen der Weisheit

Aphorismen eines
westlichen Zen-Meisters

128 Seiten, 9,95 €
ISBN 978-3-89767-803-3
Hardcover, Pocket-Format
Schirner Verlag

Zensho W. Kopp

Lao-tse, Tao Te King

Das heilige Buch vom Tao

Neu übertragen von
Zensho W. Kopp

110 Seiten, 7,95 €
ISBN 978-3-89767-477-6
Taschenbuch
Schirner Verlag

Worte eines Erwachten

Aphorismen eines
westlichen Zen-Meisters

120 Seiten, 9,95 €
ISBN 978-3-89767-339-7
Hardcover, Pocket-Format
Schirner Verlag

Im Farbenrausch
des Göttlichen

Gemälde und Aussprüche
eines westlichen Zen-Meisters

140 Seiten, 24,90 €
ISBN 978-3-8434-1018-2
Hardcover
Schirner Verlag